再试一次就成功：

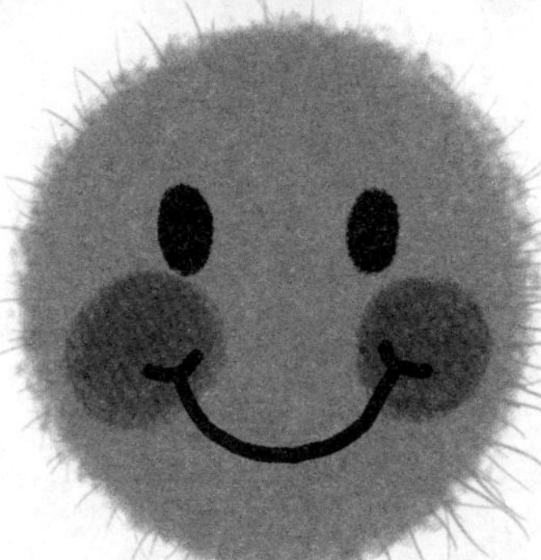

被拒绝的勇气

【美】刘墉 著

天津出版传媒集团
天津人民出版社

图书在版编目（CIP）数据

再试一次就成功：被拒绝的勇气 / (美) 刘墉著
. -- 天津：天津人民出版社，2022.2
ISBN 978-7-201-17975-9

Ⅰ.①再… Ⅱ.①刘… Ⅲ.①家庭教育 – 经验 – 美国
Ⅳ.① G789.712

中国版本图书馆 CIP 数据核字 (2021) 第 273799 号

经刘墉授权在中国大陆地区独家出版发行

再试一次就成功：被拒绝的勇气
ZAISHI YICI JIU CHENGGONG : BEIJUJUE DE YONGQI

出　　版　天津人民出版社
出 版 人　刘　庆
地　　址　天津市和平区西康路 35 号康岳大厦
邮政编码　300051
邮购电话　（022）23332469
电子信箱　reader@tjrmcbs.com

责任编辑　岳　勇
封面设计　王　鑫

制版印刷　北京雁林吉兆印刷有限公司
经　　销　新华书店
开　　本　620 毫米 ×889 毫米　1/16
印　　张　13
字　　数　111 千字
版次印次　2022 年 2 月第 1 版　2022 年 2 月第 1 次印刷
定　　价　30.00 元

·前 言·

展现自己，神采飞扬

每个人到这世上来，都要展现自己，展现自己的美丽、展现自己的能力、展现自己的特质。

所以女人爱美，连七八十岁的老太太出门前，都可能扑点粉、涂点唇膏。男孩爱现，秀肌肉、秀胆量，甚至争凶斗狠，目的就是为了吸引异性的注意。

只是有些女孩美得太多了，男孩现得过火了，结果被物欲诱惑、被恶习感染。因为克制不了自己，愈陷愈深，到头来非但没能展现自己，反而成为社会边缘人。

还有些人因为从小在父母师长的高压下，或遇上一群强大的对手，一输再输，非但没能展现自己，反而失去信心，到头来隐藏了自己。

这本书里谈自制、谈处世、谈考试、谈记忆、谈美、谈成长。有很开放的，也有较保守的。因为没有一个展现自己、愈飞愈高的人，会不知道什么时候返回地面；也没有一个风筝，断了线，还能高飞。

表面上如同《做个快乐读书人》《小姐小姐别生气》和《靠自己去成功》，这些文章是写给我女儿的。但当你看下来，就会发现我只是用女儿当个引子，引出每位年轻朋友都有的问题。

所以这本书是写给大家的。愿每个人都能完完全全地展现自己，愿每个人的一生都能神采飞扬！

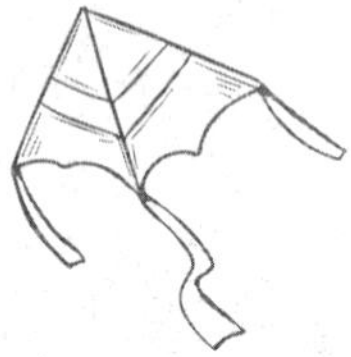

·序·

飞翔吧！孩子！

大概所有美国家长都知道，高中“后两年”是孩子最要紧、最辛苦的两年。

在这两年间，他们要面对“学术能力水平测试（SAT）”，更高一层的“分科能力测验（SAT Ⅱ）”。想进好大学的学生得提早修习大学程度的课程AP，参加那些科目的统一鉴定考试。有些人修到十几门，各科老师“互不通气”，常常要考一起考，要交报告也挤在同一时间交，造成许多美国高中生都得忙到深夜两三点才睡。

女儿功课忙、压力大，加上正逢青春期，自然脾气坏，我和太太就成了最先面对的人。身为华裔，怎样在“一人教之，十人咻之”的环境里维持中文；怎样在“没大没小”、直呼长辈名字的西方社会中懂得敬老，都成为我不得不面对的挑战。

她上初中时，饭后从不必帮着收碗筷，反而这两年我坚持要她帮忙，也总让她请八十多岁的外公和七十多岁的外婆出来用餐。我还常叮咛太太，趁女儿在家，教她烹饪，免得离开家之后什么都不会，出去打工都有危险。

我的中文课改了教学方式，以前都由她先读课文，见她不会的字，则加以指导，顺便教些相关的东西。现在我则要她帮忙翻译“文字学”，让她有成就感，借机会了解中华文化。并在餐桌旁边摆了个黑板，甚至请外公用毛笔字写整首古诗挂在餐厅墙上，利用吃饭的时候随机教育。

更有效的方式是我们夫妻把她带到中国大陆和马来西亚，让她直接学习。如同她哥哥高三那年，跟着我在中国旅行一个月，自自然然就学会了中文简体字，也自自然然爱上了他祖先来的地方。

与教儿子不同的是，女儿大了，开始爱美、爱表现，我不但带她上《鲁豫有约》《讲述》《非常接触》这类电视节目：带她一起登台，我演讲，她演奏，而且教她各种上节目要注意的事，甚至亲自为她化妆。

我不希望她是个生长在象牙塔、玻璃屋的小公主，因为她很快就要面对外面的世界。世界上有太多可怜人，我不能让她说：“何不食肉糜？”

所以我每次从中国回美，都会告诉她许多令人感动的故事——我把贵州盲眼女孩孙琴珍、太原孤儿乐乐和美美的照片拿给她看，告诉她那些可爱的孩子，多么需要我们关怀。

值得高兴的是，我的“小公主”主动走出她的城堡，去北京陪孙琴珍看病，跟她睡在一起、生活在一块儿，而且隔年跑去贵州的山村，探望孙琴珍的家人和同学；去湖南长沙与美美、乐乐相会。

我还有项艰苦的工作，是告诉她“天外有天，人外有人”，不要认为自己能以学校第一名毕业，就表示可以在外面的世界做“头儿”，我告诉她那些杰出运动员有多么不简单，所以能被大学优先录取：那些少数族裔，尤其黑人，当他们肯努力、力争上游时，这个社会当然应该给他们特别的鼓励。我也告诉她由于亚洲人表现太杰出了，尤其华裔，可能遭忌。躲在我们这长岛的一角她或许见不到，当有一天到大学、到社会，多多少少会发现“特殊眼光”，甚至种族歧视。

这是事实，我不能不说，虽然小公主可能不以为然，但我得先让她有心理准备。她岂知道，哥哥在高中时，已经跟着我去美国纽约第五街和中国香港九龙，领教商家的骗术。

我的小公主跟她哥哥不同，刘轩出生在铁道边的违建区，每天由奶奶推着娃娃车看黑烟滚滚的火车，在大杂院里东家吃一口、西家吃一口地长大。小学二年级一下子被带到美国，一切由零开始，后来又在龙蛇混杂的曼哈顿上“史岱文森高中”。

小公主则出生在中央公园对面著名的“西奈山医院”，每天坐着漂亮的娃娃车，由奶奶和外婆带着在安静住宅区的浓荫繁花间散步；小学毕业又搬到美丽的湖边，在隔街的中学一读就是六年。

所以同样面临那一刻——孩子大了，要离开家进大学了，我的心情却截然不同。

我当年不操心儿子，而今我操心女儿。

这本书里就呈现了我这复杂的心情，也呈现了我多元的教育，甚至包括教她怎么拍照比较漂亮、怎么站比较美、怎么说话比较动人。

请别笑我是个琐碎的老爸，请谅解此刻我有着琐碎的心情。

最后，我要特别谢谢我太太，因为我经常不在美国，都由她带小公主。加上“女儿心”与“儿子心”不一样，我不容易摸到，也不宜直接问，总得由太太转告。我是策划者，太太是执行者，这本书应是她与我共同完成的。

女儿上小学，我写《做个快乐读书人》《小姐小姐别生气》；她上中学，我写《靠自己去成功》《跨一步，就成功》；到她上大学，有了今天这本《再试一次就成功：被拒绝的勇气》，她真的长大了，要飞扬了。

写到此，我掷笔，热泪盈眶……

目 录

Contents

第五章 谈考试

第六章 谈成长

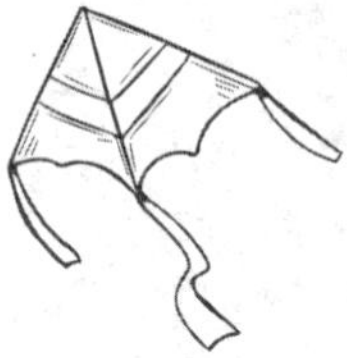

· 第一章 ·

谈自制

“自制”是我们来到这个世界，最需要学习的功课。

有些苦恼的孩子对我说，我总是管不住自己。我每天下定决心，每天制订学习计划，可总是坚持不了几天。学习的重要性，竞争的压力，我也知道，可我就是做不到……

别说你做不到！自制其实是从一些不起眼儿的小事做起的，当你从这些小事中坚持下来，形成习惯，你会拥有无尽的宝藏。

毕达哥拉斯说：“自制是世界上最强大的力量和财富。”

你有资格玩吗

文学大师梁实秋先生在世的时候，有一次我跟他同桌用餐。

冷盘端上来，梁先生说他有糖尿病，不能吃带甜味的熏鱼；“冰糖肘子”端上来，他又说不能碰，因为里面加了冰糖；“什锦炒饭”端上来，他还说不能吃，因为淀粉会转化成糖。

最后，端上“八宝饭”，我猜他一定不会碰了，没想到梁先生居然大笑道：“这个我要。”朋友提醒他“里面既有糖又有饭”。

梁大师则笑说他早知道，就因为早知道有自己最爱吃的

“八宝饭”，所以前面特别节制。“我前面不吃，是为了后面吃啊！因为我血糖高，得忌口，所以必须计划着，把那‘配额’留给最爱。”

转眼三十多年过去了，我常想起梁实秋先生这段话。我发现许多伟大的人，都因为他们节制自己，集中力量在特定的事物上，而取得杰出的成就。

功课表现好的学生也一样，最近报上刊登大学考试榜首的学生，说他们常常打电玩，而且天天上网。当记者问他们成绩怎么还能那么好的时候，答案则是专心——玩的时候，尽情放松自己，回到课业则全力以赴。

【刘墉经典语录】

这个世界不会以一时的成功论英雄，也不会以偶然的失误判输赢。人若没有连续持久的表现，往往很难被肯定；而被肯定的人，也难在一时被推翻。以速度争取时间，再用这时间去享受宁静，而非拖泥带水，永不得真正的空闲。任何事要想成功，最重要的是：现在就做。

这也使我想起不久前看到的一个统计报告：受高等教育的人平均寿命长得多，老来也比较健康。报告分析，一方面因为那些人收入高，生活比较优裕；另一方面因为他们能克制自己，想吃的东西不吃，不想动的时候仍然强迫自己运动，所以连老来发胖的概率都比一般人低。

可不是吗？每个人的时间都一样，智商也不会差到哪里去，那些既能玩、又能读书的人，都有个本事，就是他们在玩耍之前先有个计划，如同梁实秋先生决定到最后要吃八宝饭，于是在前面特别节制。

相反地，一玩就忘了时间、忘了考试，以及回到书本上，仍然不能收心的学生，则不可能表现得好。

岂止读书如此，工作也一样。有位企业家说得妙：“美国工人可能自己去上夜校，拿到文凭就要求加薪，不满意则跳槽。表面看，糟透了！但是有人从我这里跳到别家，也有别家栽培的跳来我的公司。结果‘人才交换’，大家都能进步。”

日本公司则不一样，员工到一定时候，公司会安排进修、安排出国，届时又调回国，按部就班地升迁，一干一辈子，甚至死了之后都葬在公司的墓园。但也正因为他们以公司为家，所以能牺牲奉献、尽忠职守。

“可是我们的员工，没学到人家的优点，却学到缺点。他们希望有日本公司的福利，却没有日本员工的忠诚；他们希望有美国式的自由，却没有美国员工的自动自发。”

如果我们把这位企业家的话，用在华人孩子的身上，会不会也很有道理？今天，华人孩子希望有中国式父母的溺爱，却没有传统中国式的孝敬；希望有美国家长的放任，却没有美国孩子的独立。

“收入”与“付出”常是相对的。当我们拿起一项的时候，往往也得放弃一些。如同梁实秋先生想吃后面的“八宝饭”，就不碰前面的“冰糖肘子”。也像美国工人要跳槽的自由，就得有进修的主动性；日本员工要公司无微不至的照顾，就得有恪尽职守的忠诚。

同样的道理，当你想明天出去痛痛快快玩的时候，今天就得按时把该读的书读好、该做的功课做完。当你今天晚上坚持要看两小时电视的时候，则应该一放学就专心用功，而且看完电视立刻收心。

如果你既不愿少玩一分钟又不愿多用功一点，既想成绩好又不愿牺牲玩耍的时间，读书时开着手机而心猿意马；玩的时候惦着功课而提心吊胆，怎么可能成功？结果到头来既没能玩好，又误了学业。

“后面要过瘾，前面就得牺牲！”希望大家能想想梁实秋先生的这句话。

你为什么不关手机

外出旅游的时候，常看见名人的“题句”。你知道我印象最深，而且最有感触的是什么词吗？

那是我有一年去九寨沟，回程在路边一个叫“山菜王”的餐馆，见到客人写在墙上的打油诗——“花衣裳，红脸庞，青稞酒，山菜王。羌寨是我家，永不接电话。”

我对最后那句“永不接电话”特别有感触，因为虽然忙里偷闲去九寨沟，同行的朋友却总在讲电话。在旅馆，半夜听见他房间的手机响，声音特别大，害我睡不安。连走在九寨沟风景区，正心旷神怡欣赏美景时，也被他的手机干扰。

我有一次火大了，问他为什么不能把手机关上。

他居然耸耸肩，说关了电话会不安心，怕有什么急事发生，自己不知道。

于是我发现，不带手机会死、不开手机会慌，已经成为许多现代人的“精神病”。

【刘墉经典语录】

能忍人所不能忍者，必能成人所不能成。

你知道我为什么提这个吗？

因为当我说在中国台湾经常看见年轻人手上攥着电话，上面一闪一闪的，连半夜都开着，好像有接不完的电话时，你笑着说在美国也这样，许多同学连睡觉都开着手机。你妈妈则接过话：“维妮的妈妈说她夜里三点还在被窝里打电话呢！”

对上班族而言，常开着手机，还有点道理，因为世界愈变愈小，很可能半夜三更有地球另一边的电话，事关业务，不能错过。

但是难道学生也要如此吗？你们也炒汇率、搞期货吗？如果没什么事，手机还非开着不可，连洗澡睡觉都得带着，就是有了“强迫性行为”。

我当然了解你们手机不离身的心理。那是因为你们大了，要一步步离开父母、出去独立了。“在家靠父母，出外靠朋友”，朋友变得比家人更重要。

也可以说，你们好像上了驶向人生彼岸的船。当岸上的父母不能再依靠，你们非抓紧船和同船的朋友不可。手机则好像船上的无线电，随时可以呼救。接到朋友电话，更表示有人关心。

我想起三毛在世的时候，常深夜写信给我，我们却从未半夜拿起电话打给对方。因为我们彼此体谅对方可能正在工作，那泉涌的文思不可被打断。我们也知道如果总在创作的时候聊天，彼此都不能产生好作品。

于是我要问：你们是学生，有那么繁重的功课，有那么多该专心学习的东西，却为什么总开着手机？

如果你等电话，那“等待”会让你分心；如果你不等电话，又何必放个随时可能打扰你的东西在旁边？

或许你要说，朋友很重要，不能跟父母走一辈子，但朋友可以。

问题是，朋友一起走，应该彼此提携，不是彼此牵绊。如果你们天天把时间、精力耗在电话上，还可能有高的成就、走向人生远大目标吗？

朋友之间讲义气，当朋友有难，当然应该救。但是救人也要有条件、有技巧。

你知道当你解救溺水者的时候，应该由他的后面接近吗？因为你由前面靠近，他可能在慌乱中把你死死抱住，使你们两个都沉下去。

你知道有时候，救生员甚至一拳打昏溺水者，再拖上岸吗？因为打昏他，还能救他一命。不打昏，可能两个人都没命！

同样的道理，如果你和朋友一天到晚讲电话，两个人可能“抱着溺死”。当你发现朋友太爱打手机时，则应该狠狠给他一拳，对他说：“对不起！我要关电话了。”

我曾再三对你引述美国心理学家弗洛姆的话：

“在你爱别人之前，要先爱自己。因为你自己也是人，你连自己这个人都不能爱，哪有资格去爱别人？”

今天我要对你，以及每位年轻朋友说：

你们要有自我期许，先把自己的功课搞好，要求每个人尊重你的时间，使你能成功，将来才有能力去帮助别人。一个不知在重要时刻把手机关上的人，是不懂得说“不”的。然而喜欢总说“是”的人，却会尊重说“不”的人。

因为当你能说“不”，别人才会尊重你的“是”。

当你常不开手机，别人才会高兴地喊：“哈哈！你终于有空接电话！我终于找到你了！”

【刘墉经典语录】

能控制情绪的人，才能有大的担当。甚至可以说，愈是高等的动物，愈能控制情绪。

你知道狮子在草原上如何狩猎吗?

它慢慢地压低姿势，悄悄接近猎物。这时候，它的脸真是满布杀机：牙齿外露、嘴角上掀、瞳孔缩小。但是它不叫。它能忍着自己的冲力，冷静地一步一步接近猎物，到最有利的位置，再纵身而出。

迟到与早死

今天我把一位老朋友臭骂一顿。

原因是上周末我在淡水演讲，偏偏演讲前几天感冒了。虽然吃了不少药，甚至中西药一起往下灌，病情还是不见好转，尤其感冒引起的气喘，肺里好像有水，呼噜呼噜的，没说两句话就猛咳。

为了避免接触冷空气，我演讲前一天特别打电话，请那老朋友开车送我去。他一口答应，还说会早十分钟到楼下等我。

问题是，那天时间已经到了，非但没见他提早出现，而且打电话给他，他还在距离最少十分钟的路上。

“我去修车了，没想到拖那么久，我正在赶，已经闯了两个红灯。五分钟一定赶到，晚一点出发没关系，保证把你准时送到。”他在那头喊。

我当时立刻对他说：“不用赶了，我有人送了。”接着出门，先坐计程车，再搭捷运去淡水。

尽管如此，我还是迟到了八分钟。

而今虽然已经事隔三天，我还是忍不住，把那老朋友责骂一顿。

就因为他是老朋友，我可以把心底的话毫无保留地说出来；也因为是好朋友，为他好，我不能不骂他。

我不但先骂了他，而且打电话给他太太。告诉她我这老朋友有不守时的毛病。那毛病事小，真正的问题是当他先不“抓紧时间”，后来拼命赶，甚至超车、抢黄灯、闯红灯，会造成危险。

也就在跟他太太谈话中，我知道他是因为车子刮伤，所以去修车，又因为修车而误了时间。

至于车子刮伤，则是因为他每星期固定在同一个地方教课，那地方的巷子很窄，他又总迟到，慌乱下停车，所以刮了一次又一次。

又可能因为车子刮了，不好看，在接我之前老朋友特别去为车子美容。

看来，我这朋友没什么不好。只是当你顺着往下想，如果我那天等他，让他闯红灯。上车之后，又因为已经迟了而拼命赶，会不会非但不能及时赶到淡水，反而赶去了鬼门关？

就在我演讲的前一天，一月二十六号，中国台湾演员许玮伦，在高速公路上出车祸，离开了这个世界和她二十八岁的青春年华。

新闻里说，许玮伦不但长得美、有才气，而且非常敬业。但也因为她太敬业，在车祸当天下午做完两个摄影专访之后，已经很晚。虽然经纪人劝她先睡一觉，再开车南下。但是敬业的许玮伦怕第二天迟到，影响剧组的进度，而坚持连夜赶去。

大概也因为她和助理都累，心里又急，在高速公路上拼命赶，先撞上护栏，再遭到大货车追撞。

想想！许玮伦错了吗？她没错，错在她赶！

同样的道理，如果那天我硬叫开车的朋友赶，非准时到达不可，会不会也出车祸？甚至不止自己出事，还撞上别人，造成连串的悲剧。

【刘墉经典语录】

据说比尔·盖茨在学校的成绩从来没好过，中学时的平均成绩总是B；刚进哈佛的时候，因为压力太大，得了溃疡性肠炎，不得不回家疗养。第一学期平均成绩更烂，只有C。

你大概要问他既然高中拿B，怎么进得了哈佛？这就妙了——

他居然在学术能力水平测试（SAT）中，拿了全美国前十名的高分。对比尔·盖茨念书的方法，我不清楚，但我相信他一定是个绝顶聪明，又知道合理利用时间的人。

比赛就像人生的战场。它比实力，也比速度。速度何尝不算是一种实力。你没有别人快，你比别人拖，就显示你比别人差。

刘轩小时候玩球，每次球滚出院子，滚过马路，我都在后面对他喊："球过街！人不过街。"意思是别急着追球，宁可让球滚过马路，也别为了抢球，被车撞到。

刘轩长大后，也有拖的毛病，我总在家催他快一点，不要拖到最后一分钟。但是当他出门的时候，明明已经迟了，我却会改口说："在家有迟到，出门就没有迟到了。"

这句话的意思是，在家里要抓紧时间避免迟到，但是如果还没办法早早出门，既然已经到了外面，就要以安全为重，千万别为了在路上赶时间，造成危险。

现在你应该了解我，为什么那天朋友已经快到了，我却不等他，叫他不必赶了吧！

我是为大家好。

我也要就此叮嘱你：

小心那些总不守时的朋友，他们不但可能误了你的时间，而且可能夺走你的生命。

你宁可为了叮嘱他守时，跟他翻脸，也别让他有一天为了“对你守时”而送掉生命。

而且如果他真迟了，就别再责难他。你甚至得反过来安抚他：别急！别急！反正已经迟了，就安安稳稳地来吧！

小心被爱情攻陷

有一天你在学校的报社，背对着其他同学打电脑，原先播放的音乐完了。你没转身，只说了一句：“哎！音乐呢？”立刻就有好几个人跑去选曲子，把音乐继续。

有一个去做客的校友看了这一幕，笑说：“天哪！这总编辑可真权威。”

昨天晚上，你妈妈转述这个故事给我听。我没对权威不权威发表意见，倒是立刻问她，那个跟你开玩笑的校友是谁？妈妈说是在纽约念大学的男生，常回母校，尤其爱去你们报社聊天。

妈妈还讲，你说如果毕业舞会找不到舞伴，可以考虑找他，因为舞会里照例要一对一对拍照，女生在前、男生在后，矮的男生脸常常会被遮住。他有一百八十几厘米，比较合适。

我又问："小帆不会对这男生有意思吧？还有，这个男生总去报社坐着，会不会是想亲近小帆？"

你妈妈笑说不可能，因为你说过那男生不合你理想。

不过爸爸还是操心，因为我过去看了太多起初说不欣赏、不理想的，后来都成为恋人。

你奶奶有个老朋友的女儿就这样。起初总听那女生骂有个死男生很丑很讨厌。有一天，她把男生带回家，你奶奶正巧也在，大家看了全偷笑，说那男生果然丑，不但丑，而且怪，人高、头小，又那么瘦，活像只螳螂。

从此几个老人家就常笑那螳螂。

问题是，起初她们笑，女生还附和。渐渐，她不附和了，开始不高兴。

又过不久，两个人结婚了。

据说新婚还好，后来问题很多。几个老人家常怨那女生瞎了眼，明知不理想，还陷进去。

【刘墉经典语录】

不要完全禁止年轻人交异性朋友，否则他未来不是找了一个母亲型的大女生，就是莫名其妙地以第一个异性朋友作为终身的伴侣，连一些比较的想法都没有，死心塌地爱上对方。所以培养孩子对异性迷惑的免疫力，是每个父母的义务。

孩子交了不适当的异性朋友，可以为他做客观的分析，而不要主观地排斥或歧视，免得激起不正常的同情心、正义感和母性，反而陷得更深。尤其不可有过激的反应，而当以冷静的态度面对。

恋爱确实常常是“陷进去”的。男女的恋情像陷阱，表面看不出来，不小心踩上去，陷下去，却再也跳不出来。

希望不陷下去，最好的方法，就是离那可能有陷阱的地方远一点。

爱情也常以很奇怪的方式出现。无论男生追女生，或女生倒追，都可能在一开始非但不是追，好像还有敌意。

常挑衅同一个女生的男生，极可能是想追那女生；总批评某个男生的女生，极可能对那男生有好感。他们不好意思说，也可能真觉得对方讨厌。

但那讨厌是因为他（她）的心被打扰了，好像一个平静的池塘，被岸上丢石头的顽童，激起串串涟漪。

小动物们不也一样吗？起初它们又抓又咬，甚至伤到流血。但是打着打着，突然情况变了，雄性突然跳上雌性的背，开始交配。

你能在起初它们打得尘土飞扬的时候，想到结果会这样吗？

同样的道理，你不要以为他不合你的条件，他就不可能闯入你的心扉。

举个最实在的例子：我就不是你妈妈高中时理想的男生，她希望嫁个学理工的，将来和她一起出国。

也正因此，你的外公外婆起初十分反对。

他们怎能不反对？要知道，你妈妈才跟我谈两个月的恋爱，她的人生理想就全改观了。

她不再拼命用功、想考托福出国。只希望跟我这个艺术家在一起，平平淡淡过一生。

所幸我总记着她的理想，暗暗发誓让她的理想实现。

问题是，如果我没那么发誓，你妈妈原先的梦想是不是就全改观了？

孩子！不要说你自己眼高过顶，也不要说以前有多少男生追你，你都不理不睬。你同学的妈妈说得好，愈没交过男朋友的女生，一下子陷进去，愈死心眼、愈脱不了身。

今天下午，我清理后院，暮秋了，怕气温一下子跌到冰点，受不了寒的植物冻死，像咸菜一样挂着，难看，我把一棵棵的紫苏全拔出来扔掉。

记得吗？那些紫苏是前年外公从老人中心带回来的。当时只有一小盆，去年在阳台四周冒出来好多棵，今年居然半个后院都被占满了。

我一直没碰它们，因为那深红的叶子，特殊的香味，使我舍不得拔。

但是今天，我有点后悔，知道明年恐怕整个院子的花圃都会被紫苏攻陷。它们生得快又长得高，其他的花草全会受影响。

我告诉自己：明年它们一冒头，就得拔掉，只留几棵做点缀。

到时候我得弯着腰，一棵一棵拔，再装进垃圾袋，整个院子只怕有上千棵，会有多辛苦啊！

孩子，看远一点！如果你真觉得不理想，就早警觉，早点拔掉那乍看还不错的紫苏吧！

【刘墉经典语录】

女生很奇怪！当她们赶你走的时候，常常是要你留，如果你听不懂，就别谈恋爱。

谈到情感，许多人正像是陆地与海洋。有些人爱得快而炽烈，却也去得迅速，冷得惊人，属于陆地的形态；相反地，有些人爱得慎重，热得缓慢，但是既然爱了，便执着而长久。

· 第二章 ·

谈处世

十年前，我在中国台北成立了“青少年免费咨商中心”好多师长带着孩子来谈话。年轻人间的问题多半跟功课有关，唯恐考不上好学校，会前途黯淡。

但是近几年不一样了，无论是来咨商的，或写信、发电邮来的，很少有谈功课的，多半讲的是交异性朋友、跟家人吵架、与同学龃龉或金钱的问题，一些内容令人非常惊讶。

小心水煮青蛙

我有个朋友原先做老师，说出来大概你不信，他后来居然从事色情行业，据说手下有一大批清纯的漂亮美眉。

有一天我怪他：应该从事教育，却走偏了。

他居然一笑，说他现在从事的何尝不是教育？那些女生，有好多来自名校，到他的夜总会玩，他先主动搭讪，比较熟了之后，则偶尔请女生喝杯甜酒；再熟一些，他会请女生跟场里的男客聊聊天。男客出手大方，不但请她们尝各种有意思的饮品，而且还送昂贵的礼物。逐渐熟稔，则一起出去玩，最后女生终于“下了海”。

我那朋友笑道："这一点一点改变她们，不是教育吗？"

我说这个给你听，是因为昨天晚餐时，电视新闻报道有个漂亮女孩，先做模特儿，后来演电视剧，接下来却"下海"，私生活非常糜烂。

我当时说许多明星，都因为追逐名利，愈陷愈深。你则很不以为然地说那些都是一些小角色，真正大明星是不可能这样的。

你错了！因为我以前在电视圈当过主持人，也制作过节目，我看了太多清纯女生，只为羡慕演艺事业，"进来"试试，就陷入泥淖，再也不能自拔。也有很多由小角色演起，不得不随波逐流，结果一步步"放弃原有的坚持"，最后居然成了名。

谁说大明星就一定不会沉沦？

【刘墉经典语录】

人必自重而后人重之，人必自侮而后人侮之。

人们总是因为"有"，而更想取得；有的愈多，进一步的欲望也愈大。

没有人能帮助我们面对自己，甚至很难有人能帮我们救助自己的心灵，除非——我们先自救！

人生是一条不归路，走上去，就回不了头。过了就过了，成了就成了，做了已做了，错了已错了。这是我们的生命，何必怨？何必悔？何必回头？

相信你一定听过这个故事—— 把青蛙放进一盆冷水里，青蛙轻松地在里面游。水很满，距盆边只有一点点高度，青蛙随时可以跳出来，但是它不知盆底下有火，已经逐渐加温，只当那是气温变化，温水挺舒服的，游得十分开心。

水愈来愈热，因为温度慢慢升高，青蛙还是不觉得，等到受不了想逃的时候，却已经没有力气。

我看过许多演艺圈的人，就像这青蛙——

几个女生一起去演戏，大家才貌差不多，但有个女生的镜头总是多些。另外几个人发现原来那女生很会跟摄影师打交道，摄影师特别照顾她。

又隔一阵，那女生不但镜头多，而且眼睛拍出来特别漂亮，后来发现因为灯光师也特别关爱，为她打“眼睛灯”，使她眼睛里能反射出特别的光彩。

几个女生自认不比“那女生”差，也试着“拍”摄影师和灯光师马屁，请他们吃饭，还一起出游。

但是“那女生”更上层楼，演出的机会愈来愈多，打听之下，是导播对她很照顾。再过一阵，“那女生”居然被制作人“点名”，挑大梁了；甚至还有编剧特别为她“量身打造”写剧本。“那女生”成了明星。

虽然大部分演艺工作者和制作人员都很正派，但还是可能有少数比较邪门的。

请问，如果你是那几个女生之一。当你发现自己的才貌比“那女生”强，她却出了头，你则被压在下面，而青春不等人，你想在“邪门”里“强出头”的时候，会不会也一步步陷进去？

你大了，马上要进大学，也将很快进入社会。我相信如你所说，你当然能坚持自己，但我也必须强调，如果你不能时时警惕，那像是大染缸的社会，很容易让你在不知不觉中沉沦。

而且我举的虽然是演艺圈的例子，实际上在哪个圈子都一样，不论你进的是政界抑或商界，为了出头，为了往上爬，甚至只为了“心中不平”，都可能像那青蛙一样，没注意水温的变化，最后被煮熟了。

请不要怪我说得太恐怖、太难听。因为社会就是这个样子，有正派也有邪门，我只是提早告诉你事实，让你能在跳水或游泳前“三思”罢了！

何必引人多心

我有个学生，老大未娶，好不容易交了个理想的女朋友，而且一下子打得火热，但是突然间，那女孩不再理他了。

你猜怎么回事？

原来他们两个人在宾馆幽会，男生进浴室洗澡，洗一半，从浴室探头出来，正好被女生看到。女生立刻冒了火，问那男生：“你看什么？以为我会偷翻你的东西，还是会偷你的钱跑掉？”

两个人就这么闹翻了。

我问那男学生，为什么探头看。他耸耸肩说，听房里半天没动静，确实有点不放心，因为现在社会上骗子太多了，而且两人交往不久，所以探头看看。

我则笑笑说："没错，防人之心不可无。但就算有，也得用点技巧啊！你何不先找个借口，比如说'糟了！我的手机是不是忘在餐厅了'，再探头，不就好多了吗？"

人是很敏感而易受伤害的，我最近才听一位女士抱怨，她的一个朋友到家里做客，上洗手间，都进去了，又突然跑出来，把放在沙发上的皮包提进去，生怕别人会偷她东西似的。

我说："为什么不想，她是要拿皮包里的化妆品去补妆呢？"

"可以啊！她要补妆，她是可以先说要进去补妆，何必当着我的面，把皮包提走，屋里就我和她，我能不多心吗？"那女士说。

她这话讲得一点都没错，为了避免别人多心，我们需要一些处世的技巧。有时候说一句乍听没什么"必要"的话，可能产生很好的效果。

举个同样有关皮包的例子——当你和朋友去吃自助餐的时候，朋友已经端来食物，开始吃，你才要去拿。除非真怕朋友偷看，你有必要把皮包提在手上吗？

如果你拜托朋友帮你看一下，不是既省得累赘，又显示了对朋友的信任？就算你真不放心，也应该做个解释：“我还是把皮包带着好了，免得你们吃完了，还得帮我看着，不能继续去拿。”

又比如你有两位朋友都在席间演讲，接着由你发言，就算你只赞赏其中一位，你又能从头到尾只表扬那个人，而绝口不提另一位吗？

不是一就是二，当你赞美张三，却不理会李四的时候，给人的印象是你不欣赏李四。这时候，即使你只带上一句：“李四说的我不内行，不敢评论，就专谈张三吧！”李四听在耳里，感觉就好多了。

【刘墉经典语录】

彰显自己，不必否定他人！

留三分地给别人，才能使彼此都获得更大的天空。

最好的沟通者，不是最强的否定者、破坏者，而是最好的肯定者、建设者。他能在两个完全相反的看法中，找到一个小小的共同点，然后强调那一点，赞美对方的那一点，再一步步把自己的观点推销出去。

同样的道理，如果只有你和另一人在房间里，突然有人进来找东西，说贵重的东西不见了。即使你的第一反应是你没拿，也应该考虑到另一个人的感觉，于是你可以说："我相信'他'（指另一人）不会拿，但是我也没拿。"

相反地，如果你直接说"我可没拿"。另一个人可能会不高兴地讲："我也没拿哟！你没拿，难道我拿了吗？"

如果你懂得处世，何必制造另一个人的不快？你先加那么一句，表示了对他的尊重，不是更显示你的落落大方吗？

又比如，你坐飞机，旁边一排是空位，偏偏有个大胖子摇摇摆摆地过来，霍地一下子坐在你旁边，你能在他刚坐下的时候，立刻起身，移到另一排去吗？

就算移，也该等一等，然后问那胖子："如果您不介意，我想看另一边窗外的风景，是不是能换坐到那边？"

请别笑我想得太多，要知道，有些人特别敏感，愈是碰上"体味"重、"体重"过人、衣衫褴褛、残疾和易被歧视的人种，你愈要谨慎，绝对不能当"他"刚坐在你身边时，就移到别的座位。刘轩高中的时候，就有位同学，在地铁车厢里，当一个黑人坐在他旁边时，他正好看上远处更好的位子，于是移过去。接着就挨了黑人一记重拳。

我今天说这么多，是因为有个高中女生对我抱怨，自从她在公车上被扒窃，就总是检查包，隔一下就把每样重要的东西都数一遍。没想到同学嫌她“龟毛”，甚至有人觉得她有疑心病，躲着她。

于是我举上面这些真实的例子，告诉她：避免别人多心的最好方法，就是自己多用点心。用“同理心”想想别人的感觉，才能避免不必要的误会。

【刘墉经典语录】

无论多么不上路的人，总有他值得被肯定的地方，你愈肯定他，他愈觉得你是一个可以谈的人，他也愈对你有好感。所以肯定是另一种解除武装的方法。

每当我听朋友说“我不看某人的作品，我不吃某种东西，我绝不跟某人交谈”的时候，我都会对他们说：“别将别人关在门外，也别把自己锁在了门内！”恨的问题要用爱来解决。只有彼此体谅，各退一步，才能创造双赢。

在爱中成长

今天晚餐时，我和你都坐下了，妈妈也为每个人的盘里分好食物，但是你外公还没到，我喊了两声，没听外公回答，就叫你到后面去请他出来。

你当时很不以为然地说："外公当然知道吃饭了，刚才还看见他在厨房。"

我则说："对！外公是知道，他八成回房间去戴假牙，但请他来是一种礼貌，而且有特别的意义。"因为这时外公过来了，我就没多说，现在才把我要说的话写给你——

孩子，你要知道礼貌常常并不是"现实"的，比如你请某人让路，说：“麻烦您，借过一下。”难道“借过”就一定要还吗？那借是一种“敬语”，表示原来“属于他的”，只是借你一下。

礼貌代表尊重。记不记得感恩节晚餐时，每人盘里都有一只龙虾，虽然大家都已就座，可以自己开始了，但我先给外公和自己各倒了一小杯酒，再拿了杯饮料给妈妈，又问外婆喝什么。外婆说她自己去倒豆浆，却进厨房久久没回来，原来是在“加温”，我就举着酒杯要大家等她。

当时你觉得没必要。但你是否注意到，当外婆回来，发现每个人都在等她的时候，表现得多高兴。

我为什么等？因为尊重。外婆为什么高兴？因为她觉得被尊重。

【刘墉经典语录】

当我们希望子女孝顺时，不妨将自己的姿态放低，表现出对子女的需求与依靠，制造一些机会，让子女付出爱，从而对父母产生更多的爱。

如果我们希望未来子女孝顺，不是因为怕我们，而是因为爱我们，就让我们从今天开始爱他们，不扮演权威，不诉诸情绪，不耽于溺爱，而是采取合理的“爱的教育”。

尊重对老人尤其重要，因为那代表关怀。

老人年迈了，他们没有了生产力，不能赚钱，他们会觉得自己是多余的。我在台湾就认识一位七十多岁的老婆婆，每次跟儿孙用餐，都会说自己是“只会吃饭”的人。她甚至常一个人待在厨房吃，说那样方便些。

每次看到那种情况，听那家女主人说“这样也好，她端汤容易打翻”，我都不以为然，坚持要老人一起吃。

为什么？

因为那代表尊重、代表认知，认知她是长辈，她曾经在年轻时对一家奉献，把儿孙带大，今天每个人都记着“她的好”。

你或许会说，当然会记着，记在心里。

不错！问题是，你放在心里，却不说出来，老人怎能感受呢？要知道，每个人都希望被尊重，因为被尊重才能肯定自己的价值。所以愈是老人，愈觉得自己不中用的人，我们愈应该表现出来，说出对他们深深的感念。

就像我感恩节晚餐时对外公外婆说的，谢谢他们生那么好的女儿给我做太太，甚至谢谢他们的每个女儿，因为直至到今天，我们在中国台北的公司，都是你的二姨在照顾。记不记得，那天外公和外婆也说了许多感谢的话，说我们安排这么好的生活环境，使他们能长寿。

我则说，谢谢天也谢谢人。

【刘墉经典语录】

如果没有死，明天后面还有明天，就什么事都不急了；如果没有死，旧的不去，新生就没什么喜悦了；如果没有别离，相聚的时光就不再可贵了。

孩子！曾子临死前曾要他的家人，看看他的手、他的脚，说感谢上天，能完完整整、没有伤残地过一生。

我们每个人都要活在感恩中。甚至应该说，我们能活着，无论成功与否，都是活在恩典中。从我们出生，吃喝拉撒、成长、受教育、工作，哪一样是只靠自己就能办到的呢？只是当有一天，你太成功、太健壮，就会忘了感恩，以为一切都因为你自己的不平凡。

所以记不记得当你有一天说自己缺乏运动时，我说你拉小提琴也算一种运动。你不以为然，说那只有上身，你上身很强壮，不需要运动，我立刻纠正你："别这么说，要说那是幸运，上身长得挺结实。"

孩子，请别觉得我太迷信。我承认，我有些迷信。但是活了五十多年，我愈来愈觉得人的渺小、人生的无常，愈来愈觉得除了自己努力之外，今天拥有的一切，都要谢谢天也谢谢人。

现在是傍晚，天灰灰略暗的，像是要下今年的第一场雪。使我想到以前常带你哥哥趴在雪橇上，在公园山坡上滑雪。

那时候你哥哥很小，他趴在下面，我“盖着”他，负责控制雪橇的龙头。有一次滑偏了，冲向树丛，千钧一发之际，我跳下来，把雪橇推开，自己则滚进树丛中。

那时候你哥哥小，我不知道他能不能记得，也许他而今正在社会冲，没时间去回想。

但是我却始终记得，尤其这几年，每次下大雪，或看见别人滑雪橇，都会想到那一幕，觉得好温馨。我也相信，如果你哥哥有一天能回想，想到爸爸冒险救他，会有同样温馨的感觉。

看看外公外婆吧，回忆一下你小时候，他们带着你在门前玩耍、牵着你在大街上散步，每天早上站在门前，目送你上校车……

他们说不定跟我一样，常想起往事，如果有一天，你说你也记得，很感谢他们对你的照顾，而且感念一生。我相信，他们就算不当面显示，转身之后，眼里也可能泛出泪光。

【刘墉经典语录】

我曾教你去碰触非洲凤仙花的种子，那种子一下子爆炸开来，把黑黑的小种弹出去，害你吓一跳。

你别看它只能弹约一米远，但是就靠这力量，它们没多久就可以由一棵，扩展到漫山遍野。

它们为什么用弹的方法散布种子？

它们也有走出去的冲动啊！就算父母走不出去，也希望孩子能走出去。

几件暖心的事

我今天听到一则笑话——

有个小孩问他爸爸："如果牙刷掉进马桶，怎么办？"

"捞起来，扔掉。"爸爸说。

小孩立刻跑回浴室，把他掉在马桶里的牙刷捞起来扔了。但是接着出来对爸爸说："爸爸，你的牙刷也得扔掉。"

"为什么？"他爸爸问。

"因为上个礼拜我也把你的牙刷掉进马桶了。"

【刘墉经典语录】

这世上最重要的是什么？

不是金，不是银，是爱！

爱是只能付出，不能问的东西。最伟大的爱，甚至在付出的时候，都应当避免让对方感觉，免得增加对方的负担。

爱一个人，多像为他准备一个旅行的背包啊！要考虑他的需要，为他准备足够的东西；又得小心背包太重，重得他背不起来；就算背得起来，也走不远。

为了走远，他甚至得一路扔，扔掉你的爱。

你知道我为什么说这笑话吗？因为昨天晚上，你在餐厅吃东西，我在客厅叫你妈妈，叫了两声她没听到。你距离我近得多，应该听到了，却没帮我喊妈妈一声。

还有，今天中午，你从楼上下来，我听脚步声，以为是你妈妈，叫她一声，你没吭气，径自往厨房去了。

不错！我叫的是你妈妈，你当然不必吭气，但是如果你昨天帮我喊一声、今天又答一句“不是妈妈，是我”，我的感觉不是好得多吗？

昨天事情发生后，我对你妈妈抱怨，她说你们这个年纪都怪，好像谁都欠你们似的。但是后来她又讲，她去说了你，你没出声，表示确实听到了，也知道自己错了。

但为什么你今天中午又不吭气呢？你还对我辩解说因为你走得很快，当你听到的时候，人已经进入厨房，所以没答。

天哪！你快到超音速了啊！

或许你要说，你太忙，所以不愿管闲事，而且多管闲事多出错。

我也同意，在这个人际关系复杂的时代，尤其在这种龙蛇混杂的大城市，少管闲事为妙。但那并不表示你可以不关心他人，更不表示你对家人的事也要冷漠。

就像那个小孩子，只有他自己的牙刷掉进马桶，他才关心，当他把他爸爸的牙刷掉进去，就不吭气。他爸爸听了心里能不觉得怪怪的吗？

也正因此，那才会成为笑话。

关怀是要主动的，愈主动愈有意义，也愈真实、愈感人。

比如“9·11”，当世贸大楼被恐怖分子开飞机撞上的时候，大家都往外跑，却有许多休假的救火队员主动往灾难现场跑。还有一位华人，从中国城跑去，在世贸大楼下面救助伤患，没想到大楼倒塌，因此失去了生命。

他们都是第一等人。稍次一级的，则是听说灾难，立刻主动捐款的。比如在中国台湾有一家三个孩子都得“罗伦佐”

的病，新闻播出来，才两天时间，就收到七千万元的捐款。那些善心人都是在“第一时间”主动解囊，甚至立即跑去邮局汇款。

至于第三等，是当慈善团体的人，抱着捐款箱站在眼前，或在义卖会上被主持人指名要求，才掏钱的人。

我必须说，后者掏出来的钱，或认购的东西，价值再高，恐怕都比那默默地，“自动”跑去汇款的人差一大截。

为什么？因为关怀要主动！

这主动的行为常被人偷偷看在眼里。记得名作家王鼎钧先生说过一个故事——

丈夫对太太说几个朋友邀他合伙做事业。太太说带他们来家里吃顿饭吧。于是备了丰盛的食物，邀几个将要合伙的朋友聚会。

聚餐完，丈夫问太太觉得如何。太太一笑说：“不能合作，他们不是能合伙的人。”

丈夫问为什么。太太说：“我故意不把白斩鸡切断，结果发现当你夹起来，连着另一块的时候，你那些朋友居然没一个人主动帮一筷子。”

或许你要讲，我说的事距你太远了。那么让我告诉你，两件令我感动的小事——

前几天张伯伯来我们家，上洗手间之后，特地跑来对我说卫生纸只剩一点了。

“你够用了吗？”我问他。

“我当然够了。”他一笑，说：“只是剩得不多，怕下一个人不够用。”

还有一次，我去中国台北朋友家，不记得为什么，那朋友需要强力胶。于是喊他太太，请他太太找找看。他太太翻工具箱，说没有。就在这时候，他女儿下楼了，问：“你们是不是要强力胶？我在抽屉里找出一管，不晓得还能不能用。”

两件多小的事啊，但那是主动的关怀，不因为自己够用，就不管；也不因为家人没问她，就不吭气。

想想，如果你是父母，看到孩子自己跑下楼，把强力胶递过来，你能不觉得暖心吗？

当你令人惊艳的时候

“兰妮的‘甜蜜十六岁’明明办得很成功，她却说不满意，还说后悔要大家穿晚礼服去。”

你晚餐时抱怨。歪歪头说，你有些怀疑会不会因为当天你太漂亮，好多人赞美你，使兰妮吃醋了。

我也记得那天晚上你回家，一进门就说好多人夸你漂亮，尤其兰妮的父母和他们的朋友，还偷偷用中文说“看！这丫头又高又美”。你回头一笑，对他们说谢谢。他们先一怔，接着说“原来你也会听一点中文”。你则得意地说：“不是一点，是很多！”

我很高兴你今天能这么敏感，怀疑当天晚上你是不是抢了兰妮的风头。这表示你成熟了，知道在表现自己的时候，应该给别人留一些空间。因为以后在大学里、在社会上，你处处会发现漂亮的女孩虽然受瞩目、占便宜，但是也容易被排挤。

特别聪明的人也一样。有些东西别人听十遍都不懂，你听一遍就懂了。但是当大家都不懂、都想不通的时候，经过投票通过的，往往是并不高明的点子。

我曾经看过一个大学生的辩论赛，两队都是高手，讲话一个比一个快，词锋一个比一个利，可是比赛结果，却是较差的一队获胜。

后来我私下向一位评审反映，他居然承认评错了，只是接着叹口气说：谁让他们说得那么快，评审都老了，又评了一整天，到最后的决赛已经注意力不集中了。所以讲良心话，很多地方根本没听懂。

你说！比较棒的那一队，是赢了还是输了？

当然输了！他们虽然强、虽然辩得有道理，但是当他曲高和寡，别人听不懂、引不起共鸣，就只有被冷落。

【刘墉经典语录】

这世界是充满竞争的，你千万不能因为自己幸运，就把幸运当成习惯，因为幸运不会总留在我们身边。你必须随时告诉自己，今天我能做“豌豆公主”，明天我也能睡柴房。只有这样，你才能称得上“能屈能伸”；一个完美的人生，不见得要有最多的掌声，也不见得要赚最多的钱，或有最了不得的成就。最重要的，是你的心灵世界必须丰富！

所以未来你参加任何团体，一方面要表现自己，另一方面得看看四周，使你不会与别人格格不入，也使你不致喧宾夺主。

尤其是你刚进大学的时候，学校里有许多特殊的社团，必须由会员把你带去介绍给大家，等你走后，由大家投票决定你能不能加入。

这时候你一方面得表现自己，使人刮目相看；一方面得注意分寸，怎样不致遭嫉。

提到“遭忌”，你小姨是个最好的例子——

她是师大美术系系展和毕业展的双料冠军，又是全省美展的第一名，那是多了不得的成绩啊！

正因为她杰出，一毕业就被留校做助教。

可是当她投考自己系里的研究所时，平常比她差的人都录取了，她却没进去。

那些评审老师都是她系里的教授啊！过去助教去考，几乎是百分之百上的。

你小姨那么能干，在系里早已挑大梁，什么事都一把抓，让教授们不知省了多少心，为什么反而失利呢？

当然，她可能那次没考好。但是我猜，她因为表现太杰出，除了画画得好，甚至去中华体育场主持万人大会，太亮、太耀眼，也可能惹系里某些教授不高兴。

这也使我想起，以前在中国台湾的一位女同事，明明光彩照人，但是当她去办美国签证的时候，故意穿得十分土，甚至故意蓬头垢面。

我问她为什么。

她一笑，说上次她没通过，因为美国领事馆的签证人员认为她太年轻又太漂亮，很可能会滞美不归。

果然，她第二次去，就通过了。

我也听说，到职业介绍所申请做女管家的，往往老的、丑的都录取了，漂亮年轻的反而一次次被打回票。

你猜为什么？

因为女主人排斥。

孩子！你正在青春美丽的年岁，未来有太多让你发挥的机会。

你待在浴室的时间愈来愈长、化妆品的瓶瓶罐罐愈来愈多。为了一个晚会，你会上网看遍各种礼服，又要妈妈带你去试穿。回来左照照右照照，可能隔天又拿去退换。

未来你会有许多派对的邀请，也可能有人宴请贵宾，请你去当陪客，还可能有同学结婚找你当伴娘。

说到这儿，我的眼前已经浮现你美丽的影子，好像见到你在晚会中穿梭，吸引整场的目光。

但是记住！如同好的演员不能抢别人的戏，配角不能抢主角的风头。在你展现自己的时候，千万别忘了适时地隐藏与收敛，适时地退一步，把“聚光灯的焦点”让给当天的主角。

于是，你会成为最受欢迎的宾客，而且当有一天真正轮到你做主角，大家会众星捧月，使你在完全展现时，更令人惊艳。

【刘墉经典语录】

我发现在登一座高山之前，那些显得特别兴奋的年轻人，多半后来会爬不上去。因为他们才开始，心脏就已经跳得很快，又不知道保存体力。倒是那些看起来没什么表情，一路上很少讲话，到山顶也没特别兴奋的人，能登上一座又一座的山峰。

只有不喜不悲的人，才能当得起大喜大悲。真正会心的美，常像是简简单单的禅宗水墨画，不必华丽的色彩，也无须复杂的构图，却能在那“空灵”处引人遐想，给人美的享受。有希望，使我们能憧憬未来；有忍耐，使我们能渡过苦难；有自主，使我们能不受摆布。

为男朋友下厨

今天我在厨房看到一把白色的刀。你妈妈说是新买的陶瓷刀，锋利极了！切番茄的时候尤其看得出来，一般刀常常不容易切破番茄光光滑滑的皮，那种陶瓷刀一切就下去了。

说着递给我几个番茄，叫我试试看。

我试着切两刀，果然很顺手。妈妈说既然切了，就把几个都切完吧！

大概因为我把每个切好的番茄维持原样，一颗颗摆在盘子里，晚餐桌上大家都说切得漂亮，我则建议你有空也试试，还问你是不是该学点烹饪了。

但你一翻白眼问："为什么要学？"

我说因为你上大学了，在宿舍里可以自己做点好吃的。

你不以为然地说学校都有餐厅，不需要自己做。

我又说，餐厅八成做不出你想吃的中国菜，而且你的洋同学嘴馋，可能怂恿你做点中国味道。还有，我说："如果未来你交个男朋友，想做点好吃的给他吃，怎么办？你没听说'男人的心是要经过胃得到的'吗？"

这下你更不服气了，说你才不要做给男生吃，如果是男朋友，应当他请你吃才对。

孩子！你先别嘴硬，美国不是有句俗语"Never say never"（从不说永远）吗？中国人也常讲"说嘴打嘴"，意思是"你说绝不会的事情，偏偏就会发生"。

当有一天，你爱上个男生，说不定就会想为他煮一杯香浓的咖啡，烧两样可口的饭菜。

我说这话不是歧视你们女生，好像女生就应该烧饭。男生也一样啊！你外公总为我们一家下厨，你哥哥更是烹饪高手，每次回来，常耗在厨房一整天，只为调个汤汁，做道法国料理。

我刚来美国的时候，做丹维尔美术馆的驻馆艺术家，经常出去应酬，发现所谓上流社会的人，聚会时常常谈的都是养花和烹饪，好像能说出法国菜的名字、道出种花的技巧和花卉的学名，才显示自己有教养。

还有，你一定发现，每次妈妈在厨房辛苦半天，端上菜，我们赞美味道好、抢着吃的时候，她脸上都露出特殊的笑意。

那不只是快乐或得意，而是一种温馨的、爱的满足。

因为做饭给自己爱的人吃，不是工作，是爱的表现。

你一定听我再三说过，当家庭主妇跟丈夫不高兴时，如果还下厨，就算她把食物往桌上一摆，扭头就走，也显示她“敬业”。如同她丈夫再不高兴，也得上班养家，因为那是丈夫的责任。

但是我跟着会强调，太太不高兴、不心甘情愿之下做的菜，常常不好吃。

因为那里面少了爱，也因为那吃的人少了情绪。

烹饪既然能传达对一家人的爱，甚至表现人生的品位与生活的热爱，你岂能不学呢？

其实我最近私下已经跟你妈妈提了好几次，要她教教你厨房的活儿。

我不是希望你学了之后，去做给别的男生吃。搞不好，你从没为我烧过半碗饭，却为别的男生下厨，我还要吃醋呢！

我真正的目的，是希望你懂一点炉灶的事。比如知道烤箱应该先预热，了解烤到时间的东西，就算把火关上，仍会继续被烤焦。还有，很热的油锅，表面不容易看出来。以及当你炸鱼的时候，鱼身有水，油星容易溅出来。热油锅和烤箱的边缘，又很可能造成烫伤……

因为我知道有许多在家远庖厨的孩子，后来出去打工，或偶然想烧点东西，甚至只是在开派对时到厨房帮忙，就闯了大祸，受了伤。

别以为生活上的小常识，你都懂。

记得上礼拜，你同学来，看我正准备柴火，笑说：“你家的壁炉好奇怪。”他试着点炉火，结果烟冒出来，把火炉上面的墙壁都熏黑了，差点捅了大娄子。

我当时问他，有没有先开火炉里的“烟囱门”，他居然一怔，说：“里面还有门哪？”

显然他父母从没教过他点燃壁炉。所以他从小烤了十几年的火，却不知道点火之前先得把通往烟囱的铁门打开，使浓烟有出路；熄灭炉火之后，得把铁门再关上，以免外面的寒风进来。

问题是，缺乏这么一点常识，就可能造成火灾，烧掉他整个的家。

所以不谈男朋友、不谈优雅、不谈责任，就算你打定主意每天都在餐厅吃，也铁了心一辈子不下厨，为了你的安全，在你离家上大学之前，我还是得要求你——

下厨学习！

【刘墉经典语录】

我知道自己两尺半的胳臂，已经留不住她人生千万里的行程。

每个人都有他自己的看法，是他独立的个人，凭什么要求人人答案一样呢？只要他思考的方法正确，看法不偏激，又经过他自己的反复辩证，就应该被尊重。自己的决定，自己负责，是天经地义的事！就算他错了，失败了！也是他自己的失败，必须由他自己汲取教训。他有他的世界，要面对他的战斗，再强的父母，也不可能保护子女一辈子啊！你愈希望他禁得起打击，愈要教他早早用自己的脚去站立。

露白的后果

今天下午你和哥哥一起坐火车去曼哈顿，为我买生日礼物。

这大概是你第一次单独和哥哥进城吧！听说你们先想为我买个电玩，又嫌我太老了；再想为我买个运动器材，又怕家里没地方放；最后终于挑了一件长大衣。

谢谢！那确实是我最需要的。而且穿起来挺合身，看上去很精神。

你们是吃完晚饭回来的。我问你哥哥请你吃什么。

你说吃韩国烤肉，但不是哥哥请客，是各出各的。

我就把你哥哥叫来骂，说他赚那么多钱，又好不容易带妹妹进一次城，居然吃顿饭还要妹妹自己付账。

你哥哥就很冤枉地说是你坚持，又说你在路上就不断对他说你过年拿了不少红包，都没花，所以很有钱。他还叫你小声一些，别“露了白”呢！

“露白”，恐怕你长这么大还没听过这个词。

“露白”就是“露出白银”，意思是让别人看见你的钱。这是犯忌的，因为当人羡慕你、忌妒你，想要你的钱的时候，下一步就可能抢你、害你。

记得不久前我们看的那部得到“2006 年奥斯卡最佳外语片”的南非电影《黑帮暴徒》（*Tsotsi*）吗？

里面有个混不良帮派，又偷又抢的大男孩，有一天抢了辆车子，开出很远才发现里面有个婴儿。天冷，他怕婴儿冻死，只好带回家。经过一天天的照顾，居然产生了感情，最后把娃娃送回父母的身边。

你记得那片子一开始，有个中年男士买领带，掏皮夹子，露出里面好多钞票，被不良少年看见吗？他们居然尾随，在地铁上把那男人杀了，抢走他的钱。

一个皮夹子，才能装多少钱？居然为此杀人，那几个少年未免太狠、太无知了！

但是你也要知道，很多时候，一点点钱也能让人产生杀意。因为那点钱对你来说或许微不足道，对别人来讲，或对别人而言，在“那个时间”“那个场合”却可能值得他冒险。

你没听说不久前，就有人为了还债连抢几家超市吗？

他可能不是为了还债，而是为了吃饭，也可能因为“愤世”而一时走偏。

只是他那“一偏”，可能毁他一辈子，也可能害人一生。

同样的钱，你可以把它看得很大，也可以看得很小。

你的命好，从小就不缺钱，所以把钱看得小，缺点是你可能因此容易露白。你哥哥则不一样，他生在铁道旁的违建区，从小由节俭的奶奶带大，到高中还捡我不要的破袜子穿，钱在他的心里很大。

为这个，我也操心，所以常对他说“钱是身外之物”，不要太在意。因为我怕他为钱，降低自己的水平，或放弃原有的坚持。

你要知道，这世界上有许多女孩子为了钱、为了保住收入不错的工作，而放弃自己的矜持。也有许多男人，只为了一点钱，放弃做人的原则，犯了法。

正因此，我不止一次试探你："如果有人要你带小小一包毒品。只是很小一包哟！不过手机那么大，也没有味道、不会被 X 光机或狗嗅出来，你只要带过海关，就能得到一万美金，你做不做？"

当你说 No 的时候，我又会加价："十万如何？"

"一百万如何？""一千万如何？"

每次你都想也不想便答："No！"

然后我会说："对！这就是原则。只要是毒品，给你一亿美金，也不带。就算风险几乎是零，也绝不改变原则。"

说到这儿，又让我想起昨天看到的一则新闻，英国一个中了千万乐透彩的男人，发现好多女人亲近他，不是为了爱他，而是为他的钱。

为此，他装穷，穿廉价的衣服、请女朋友上速食餐厅，终于找到有真爱的另一半。

孩子，记住！以后就算你真发了财，也千万别露白。

露白之后谈的恋爱，都怕不保险啊！

【刘墉经典语录】

孩子有孩子未来的世界，父母不能以自己的价值观来衡量孩子的选择，也不应该再有养儿防老或养儿做伴的想法，希望孩子永远跟在身边。现代年轻人，如同大人一样，除了在外的交际，也应有在家中招待朋友的权利，或到别人家做客的机会。这种做主人和做客人的经验，可以帮助他独立，并建立较佳的人际关系。

· 第三章 ·

谈美的呈现

如果你是我的老读者，或与我熟识，就不会对我写这一章感到惊讶。因为我喜欢摄影，甚至拍 4x5 的大幻灯和十六厘米的电影，所以对照相的采光特别讲究。又因为我喜欢演讲，且教演讲学，所以对舞台灯光特别注意。加上我喜欢戏剧和舞蹈（刘凤学女士和林怀民先生都个别指导过我），所以对舞台动作有认识，而且会化舞台妆。

最重要的：我是个画家，我喜欢美，要求完美。

噢！对了！我还是个很“鸡婆”的爸爸，所以对女儿的一举一动，甚至怎么掠头发、翻书都要管，更甭说为她摄影了。

下面这几篇谈照相时该注意的事，绝对实用。

为什么她愈来愈美

今天收到著名内衣公司“维多利亚的秘密（Victoria's Secret）”寄给你妈妈的产品目录。我翻了翻说：“奇怪！为什么从封面到内页，好多都是同一个女生的照片。”你过来瞄一眼：“原来是Adriana Lima（阿德里亚娜·利马）啊！因为她最红、最漂亮。”

我说她看来不高。你哼了一声，说：“怎么可能？她有一百七十八厘米高。”

我又问她是不是很有名？

“当然！她以前给‘Guess’（盖尔斯）做模特儿，一下子就成名了。”你又笑笑：“但她不是最有钱的，最有钱的是Gisele Bundchen（吉赛尔·邦辰），那是Leonardo Dicaprio（莱昂纳多·迪卡普里奥）的前女友，不久前还和男朋友参加奥斯卡颁奖典礼。不过……”你又补一句，“Adriana Lima将来会很有钱，她愈来愈漂亮”。

谈到愈来愈漂亮，我和你妈妈最近也注意到，台湾电视里好几位主播确实愈来愈好看。你妈妈猜她们可能动了美容手术，也可能因为打了肉毒杆菌，大脸变小脸，圆脸变瓜子脸。

当然还有一个可能，因为我做过电视工作，知道其中的奥秘。因为她们愈来愈了解自己哪个角度最漂亮，怎么笑最美，一个节目做久了，更知道怎么调整灯光。

比如不但在上面和前面有灯，还在四周加灯，为了眼睛有神，加上“眼睛灯”，桌子上还有由下往上照的灯。使她们的脸孔看来饱满，没有肌肉松弛的阴影，连眼袋都不显。

也因此，一个主持人或新闻主播，在她们自己的节目里很漂亮，如果有一天当来宾，上其他人的节目，可能一下子就变丑了。因为她坐的位置不对、摄影机不特别照顾她，也可能由于别人的节目，没能细细为她“打光”。

但是不管怎么样，你会发现那些初上镜的记者，可能比较丑，但是没多久，就愈变愈漂亮。即使在外面跑新闻，没有特别的打光，也愈来愈美。因为她们愈来愈了解自己，哪个角度最好看、哪种笑最美，怎么站最有味儿。连拿麦克风是不是遮到嘴、读稿子时头只能低几度，都注意到。

【刘墉经典语录】

“上帝为女人造了一张脸，女人自己又造了一张。”这是男人们讽刺女人的话，问题是：楚王如果不喜欢细腰的女人，后宫嫔妃又怎么会宁可饿死，以求纤细。不必如意，不必富有，不必有如诗的画境当前。只要我们心里有美，眼里就有美。

我今天借机会跟你谈这个，是因为当你昨天演奏回来，我要为你拍张照片的时候，你别别扭扭地不愿意，又怨我以前把你不满意的照片发给杂志社。

我说已经挑最好的了，你的照片不是每张都漂亮。我的这句话可能伤了你的心。但是大小姐！哪一个人的照片能张张漂亮呢？有一天，假使你成了名人，会发现记者专拍你奇怪的表情甚至“走光”的照片。那时候，你岂不要被活活气死？

但是你也要想，当你不能控制别人，如同电视记者在室外采访，不能控制光线的时候，要知道怎么站、怎么笑、怎么拿麦克风，来弥补客观条件的不足——你要学着控制自己，呈现最美的一面。

正因此，那些超级模特儿好像从哪个角度看都漂亮，即使在服装秀中，随便拍到的一颦一笑，都美！

我最近在中国台北与以前教过的学生王玮聚餐，他现在已经是著名的影评人和导演。席间谈到他新编的电视剧和其中的演员，王玮一个个品评，说到一位很有潜力的女星，只是胖了些。王玮笑道：“做明星不难，但是要先管住她的嘴！”

这也使我想起听过另一句很戏谑的话——“没有丑女人，只有懒女人。”所以美不难，只要肯下功夫，每个人都能变得很漂亮。

小心见光死

你一定常听人说“见光死”，好像在比较亮的地方拍照会丑得要命。说的人八成是中年女人，她们讲的“见光死”，又八成是说在阳光下照相。为什么？

因为大太阳从上面射下来，中年女人的脸，已经不像少女那么紧实，就会显出赘肉和眼袋。加上如果有黑斑，更不像在晚上灯光下那么容易遮掩，于是全显了原形。

问题是晚上也可能有很亮的灯光啊！有些晚会甚至打水银灯，难道就不见光死了吗？为什么不管怎么亮，晚上拍照好像多半比较好？

那是因为晚上不像白天，只有太阳一个光源。晚上总有来自不同方向的各种灯光，所以看来比较柔和。

你想照相照得漂亮，最先就要考虑光线从哪里来以及是否柔和。

相信你小时候一定玩过用手电筒扮鬼脸的游戏——关上灯，把手电筒放在下巴的位置往上照，要多难看有多难看，就算你是漂亮宝贝，也会变得像鬼。

因为我们不习惯看这种方向的光线。还有，因为由下巴往上照，光线几乎与脸是平行的，就造成黑特别黑、白特别白的“雕塑效果”。那感觉很僵硬，所以说像“僵尸”。

同样的道理，并非阳光下就一定见光死，如果阳光照在一面墙上，再反射到站在阴影处的你，因为是来自一大片折射光，多半很美。夕阳下，阳光柔和，即使正面射过来，也可能很美，连肤色都红润。

至于阴天就更好了。许多人以为大太阳天拍花草树木特别漂亮，错了！因为艳阳下树叶会反光，非但不显得青翠，而且泛白。反而在阴天，色彩特别好。

所以如果你不是任何角度都圆润美丽的“阳光美少女”，或者眼睛怕光，最好选择阴天或在晴天的阴影下拍照。

【刘墉经典语录】

不完美，正是一种完美。残破，可以补的时候补了；不堪补的时候，只当它不存在。就算那残破太显眼，看久了，看惯了，也就变成生活的一部分。看得惯残破，是历练，是豁达，是成熟，也是一种人生的境界啊！每一个看似平凡的小东西，都有它不平凡的地方，愈是没被发掘的，愈有着无限的可能！

了解了这个道理，你就要知道，即使在灯光下，也要避免从上面来的强光。尤其头顶上直射的光线，就算你年轻，那光线也会使你脸颊下显得阴沉。如果是中年人就更糟了，就跟在阳光下一样，脸上的坑坑洼洼、横肉积油全会显现。

正因此，大明星在演出前，会特别站在台子上“试光”。就算没时间试，也会叫助理先去查看，演出的时候灯光怎么打，有多少“顶光”、多少“泛光”、舞台前面有没有补光的“槽灯”、舞台前上方有没有加强的聚光灯。

如果二选一，他们宁可只有远方正面一个聚光灯，也要避免从正上方照明。

至于演讲时的灯光，道理也一样。许多人的演讲效果不能完全发挥，常因为光线没弄好。比如观众席的灯光没关掉，张三李四在场上移动，大家都看得见；人们在下面走来走去，台上的演讲者也看得一清二楚，容易分心。

即使观众场上的灯光是暗的，也可能整个舞台全亮，使站在中间的演讲人不能凸显。

所以如果有一天你演讲或主持节目，先得要求给你特别的灯光，使你成为“焦点”。

更重要的是，如果只有顶上打灯，你一定要设法把讲台往后移，或人往后站，使灯光从“正上”方，变成“上前”方。虽然那样还不理想，总比你“黑着脸”好得多啊！

或许你要说，你又不打算演讲，这与你无关。要知道，这是个“理”，你希望照得漂亮，就得注意。比如：晚会里有人抓你照相，你要先看看正上方灯光会不会过强。过强就换个位置。就算在走廊里有人找你照相，也要四周看看，什么地方光线好，如果背后很亮，对方又没有闪光灯“补光”，则避免。

甚至在一般窗了或橱窗、画框前照相，你都得注意。

我看过太多人觉得窗外景色漂亮，于是站在窗前照相，结果如果不用闪光灯，窗外亮，人脸就是黑的。如果用了闪光灯，因为正对着窗子，玻璃反光，非但看不清窗外的景色，而且背后一团闪光，抢了人的光彩。

所以只要你背后有玻璃，就一定得要求拍照的人换个角度，从稍斜一点的位置拍。

谈到拍照的角度，又有一番学问，我下次再谈吧！

小心穿帮照

你有没有发现，浴室很神奇。在浴室里唱歌特别好听，在浴室里照镜子也特别漂亮。

唱歌好听是因为大家都知道浴室比较空，又都是瓷砖，会回音，所以有放大声的效果。但为什么浴室镜子里的人也会比较好看呢？你可能就不懂了。

告诉你答案：因为浴室里往往都用浅色的瓷砖，光线在其中再三折射，造成上下左右都有光线，使你的脸看起来柔和。

相反地，如果浴室用暗色的瓷砖，或挂满了东西，灯又只有一小盏，从头顶垂直射下来，你照样会“见光死”。

【刘墉经典语录】

你看宽恕 forgive，是 give，是给予；而那遗忘 forget，反而是 get，是得到。你愈要遗忘，愈遗忘不了！只有当你完全宽恕他、谅解他，对他付出爱，对他伸出手的时候，才能真正得到心灵的宁静。何止英文如此，中文也一样奇妙啊。

舍得，舍得，要得，先得舍；不舍弃，哪有空间获得？

抱负，抱负，要抱，先得负！不负重，哪有资格拥抱胜利与成功？

我前面说如果有一面墙反射阳光到你脸上，会漂亮，就是这个道理。问题是，人们无法在浴室拍照，又不能总有一面墙来反射光线，所以明星、模特儿拍照，在室内常用“伞灯”，把灯光打上银白色的雨伞，再折射出来。在室外则用“银白色的反光板”，把阳光反射到主角身上。

有时候摄影家故意逆光拍，让阳光从背后来，不致太硬。再从前面用“反光板”补光。你可以试试看，效果好极了。

或许你要说，你不是摄影家，没有反光板。

好！但你可以用变通的方法——当你用闪光灯拍照的时候，如果怕光太强，可以在脸的下方放一大张白纸，让闪光也能由下面反射一些（把白纸放在桌上，甚至摊在地上）。

你也可以把闪光灯对着天花板，制造分散的折射光，这就是为什么好的闪光灯都能转上转下的道理。

只是这时候你又得注意，从上面反射下来的光线，如果角度不好，也会见光死。

正因此，中年女人照相，反而喜欢正面来的闪光灯，因为各处都亮，就少了坑坑洼洼，连眼袋皱纹都不显了。相对地，那画出来的眉毛、眼影、腮红，才能够突出，这也是晚妆要画浓的道理。

不过碰上人家用闪光灯，尤其用傻瓜照相机，你也要小心。因为那闪光灯跟镜头靠在一起，光线射到哪里就能拍到哪里，你一不注意就会“穿帮”。

我甚至听过一位医生，指着别人的照片说：“这人的扁桃腺太大了。”因为摄影时，那人的嘴正张大，闪光灯直直射进去，把喉咙照得一清二楚。想想！不用闪光灯，或大白天拍照，怎可能“亮到喉咙去”。

那还没关系，你知道墨西哥的一家内衣公司曾拿克林顿的太太希拉里的穿帮照片做广告吗？那时希拉里还是美国总统夫人呢！大概坐在台上，双腿平行，虽然并未张开多少，但是摄影的人可能由台下或蹲着拍，竟然清清楚楚地拍到希拉里的白色三角裤。

所以当你发现有人从低角度用闪光灯拍你坐姿时，最好把双腿斜过来，别以两个膝盖正对着他，免得让“闪光灯”钻进了你的裙底。

【刘墉经典语录】

绘画上的焦点，总是用非焦点衬托出来的；戏剧的高潮，总是以低潮累积的；无限美好的滋味，总是以许多看来可有可无的作料调制的；神效的秘方，常只是多了一味平凡的药材。要知道，那不精彩正指向精彩，那平淡正指向高潮，那无缘正指向有缘，那失败正指向成功。我们做事往往在接近尾声时，认为已经成功而放松了精神，岂知这一刻却常是生死成败的关键啊！

谈到摄影的角度，学问更大了。你知道拉丁歌王胡里奥五十多岁以后，都还要求记者从他左方的高台子上拍他吗？

为什么？因为人老了，脸上的肉耷拉了，下巴有了肥油，从正面拍不好看。尤其用闪光灯的时候，如果那镜头比你的脸低，就算你年轻，当下巴到脖子之间的位置被照到，看起来还是肥。

偏偏中国人很妙，特别会做“骑马蹲裆式”，大家都爱半蹲着给人照相，所以被拍者更得小心。碰到这情况，你可以要求拿照相机的人站高一点，或自己找地方坐下。再不然，你可以算好角度，调整下巴的位置。

但是注意，你可千万别因为坐下、往后仰，或下巴往下，反而把“颔下肥肉”挤了出来。

不要拍成铜像

2005年12月号的《读者文摘》上登了两张很有意思的图片。一张是位金发美女，一张是个可怕的“女魔头”。惊人的是那竟然是同一人——被《时人杂志》选为全球五十大美女之一的莎莉·赛隆（Chanize Theron）。她就以演出“女魔头”而出名，成为奥斯卡影后。

多令人难以置信啊！同一个人，看起来能有那么大的差异！

当然，你可以说因为好莱坞的化妆术高明，能把美女变成魔头。但是不久前我看到网络上传来的一批照片，里面都是明星演出照与日常生活照的对比，也是一边美极了，另一边又丑极了。

摄影就是这么妙！

你一定早发现，就算长相很平凡的人，也可能某一天、某个角度，拍出一张特别美的照片。相对地，一个明明漂亮的人，却可能有很丑的画面。举个最简单的例子，多丑的女生，她的新娘照不是都很美吗？为什么？因为一个人无论多丑，都可以找出他（她）美的地方。

只要扬长避短，就能拍出美美的照片。相反地，就算你很漂亮，如果不注意，也可能拍出难看的镜头。

正因此，当你翻娱乐版的新闻，如果看到某位明星美极了的照片，你注意看，那八成是由经纪公司、电影唱片公司或明星本人提供。那是经过特别打光、特别装扮又特别摆姿势拍摄，再千挑万选出来的。

【刘墉经典语录】

一百多年前，你可以靠科举考试而一举成名天下知；三十年前，你可以因大学毕业而雄赳赳、气昂昂；十年前，你可以混个硕士而不愁找不到好工作。但是再过十年，只怕你拿到博士学位，都还可能失业。因为你一心读博士，

“出道”落在别人后面，等学位拿到时，只能给中学毕业的老板打工。在这个极端竞争的时代，你不但要成功，而且要及时成功，否则就是失败。

求新求变的第一步，不是打破传统，而是了解传统：不是表面反叛，而是内在的蜕化。

前面我已经谈了打光，现在就专谈摆姿势吧！

人们很妙，只要一照相，往往就僵住了。最糟糕的是多半的人照相，喜欢直直地站着，做成铜像的样子。结果非但不自然，而且显得很呆板。尤其在名胜古迹前面拍照，那庙宇或政府著名的建筑，已经左右对称，十分庄严了，再往前面直直一站，要多呆板有多呆板。

打破僵硬，最简单的方法是从脚和手做起。

如果你的两只脚正对着镜头，必定看起来像罚站。所以你先要把一只脚站前、一只脚站后。如果你穿裙子，这样做的效果更明显，你可以把两只脚摆成一直线。于是拍出来的照片，从宽宽的臀部、裙角，往下看，渐渐缩小，成为三角形的构图，比看来像支圆规的感觉美多了。

至于手，千万别直直垂在身体两侧，那又是罚站立正的样子。你可以背着，也可以放在身前叠着，或更有变化——用一只手轻轻搭住另一只手的手腕，形成有变化的构图。

再下来，你可以改变身体的角度，让身体别“正对着”摄影的人。

比如照相机在十二点钟的位置，你可以先对准一点、两点或十点、十一点钟的位置，也就是向左或向右偏一点。然后，你的脚不动，甚至腿也不动，只微微转过头和上身，保证感觉美得多。为什么？因为你避开了正面的严肃，减少了“正对着人”的压力，呈现一种婉约。

谈到婉约，男生恐怕不太适用。但是男生仍然可以遵循这个原则，只是不要做得太明显，自然在阳刚中可以产生变化。

接下来谈坐。坐跟站的原则也一样。除非你今天是拍团体照，或你身为要员、大家长，跟晚辈下属合影，不得不“端坐”在中央，最好避免正面坐成铜像的样子。且不说你是温柔的女子，就算你是大男人，也最好把两膝的方向左移或右移一点点，然后将头和上身对正。只那么一点点，就可能感觉好得多。坐着跟站着一样，也得注意手。就算椅子两侧有把手，也最好别把两臂搭在上面，因为这样不但呆板，而且看起来胖。

你想！一个宽宽的身体，加上两只胳膊，原来还能见到一点腰身，这下子全不见了，只见平面一大块，能不胖吗？

别让相机拍走形

说到胖，照相时你还得注意站的“位置”。尤其碰上用傻瓜照相机或手机的那种“小镜头”，只要离开画面中央，人就会被扭曲，有时候一个瘦子站在边上，能被扭成个胖子或歪脸。

你甚至得要求照相的人在一定的距离外摄影，因为拍得太近也会变形；如果对方用了闪光灯，还可能使脸上过亮，变成一团白。

摄影的学问太大了！今天我只能说到这儿。但是相信如果你能抓住前面三篇文章中谈到的原则，已经就能八九不离十了。

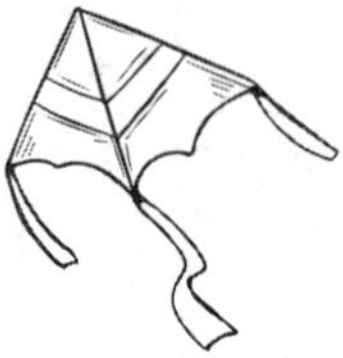

· 第四章 ·

谈记忆

许多朋友说我有“过目不忘”的本事，其实我往往“过目即忘”，比一般人差得多。只是我一旦记住，就能维持很久。正因此，我在成长过程中，不断研究记忆力，近年书架上更摆了许多这类的专业书。

以下几篇谈的是怎么分析自己的“记忆形式”。因为先了解自己，再采取最有利的学习方式，比死记硬背有效得多。希望这些文章不但学生阅读，老师也能做参考。因为由其中的分析可以知道，对不同记忆形式的学生，得采取不一样的教法。否则非但事倍功半，而且可能伤害学生的自信心，甚至影响他们一生。

别让脑里长草

不知道你有没有看过我十七岁时写的一篇很叛逆的文章——《总有一天我要站在彩虹上》。那是我高二读不进去书时，发牢骚的作品。文章里我很酷地说：

……我要写诗、我要作画、我要的是什么都不在乎。像你们吗？像 XYZ 吗？像煎干的灵魂吗？凡我将来不需要的，滚他的蛋！

其中的“你们”，是讽刺那些死命看书的同学，“XYZ”则是指我痛恨的数学。因为我那时对数学痛恨极了，认为我一辈子用不着，何必浪费生命？

但是高中才毕业，我就发现自己错了。因为虽然进的是美术系，我却常常得用数学。

画素描的时候，我举着炭笔，眯着一只眼睛比来比去，然后在纸上打格子，我得用数学的“最小公倍数”算格子；上“制图学”时，我又总得用到几何；做室内设计，有比例尺和英制、公制的换算，更得用数学。

进入社会之后，数学变得更重要了——

我搞出版，每次把照片放进书里，都得用数学算出缩放的比例；有时候以影印机放大，机器能力有限，放一次不够，得重复放大，我更得计算。至于计算成本和毛利、净利，数学就更复杂了。有时候我根据厂商的估价“倒算”，甚至得用“代数”才成。我开始发现，以前痛恨 XYZ 是错的。幸亏中学老师严格，我才得以应付。

这几年，因为总看有关“脑”的书，我更发现就算所学与所用无关，但都有潜在的影响。因为人脑非常复杂，每样东西可能用到不同位置的脑。只有“全方位学习”的人，才能把脑力做完全的开发。

举个有意思的例子——

一个人开车，在路上出车祸撞了人，自己也受重伤。他醒了之后，可能因为脑受伤，不记得撞人这件事，但他依然认识车，而且会开车。

我们常在电影里看见受创丧失记忆的人，忘了自己是谁，连家人都不认得，但是仍然会说话、会驾驶，甚至能从事专业工作。

日本科学家很早也发现，有人脑溢血之后，把“平假名”“片假名”的拼音符号都忘了，却能记得汉字。可见同样是文字，却储存在大脑的不同地方。

我前些时候读到的一篇研究报告，说从十二岁之前就学小提琴的人，由于左手按琴弦的动作非常复杂，所以管左手的右脑会发展得比左脑大。

从这条路想下去，如果我们希望大脑发育得很全面，不是得样样都学，而且愈早学、愈博学愈好吗？

大脑好像另一个世界，里面有高速公路、子弹火车，也有乡间道路和羊肠小径。许多脑溢血半身不遂，甚至不能说话的人，经过复健之后，可以完全恢复正常。那不是因为原本“溢血”的地方又通了，而是因为大脑有修复的本事——它另外开了别的路。

有的人联想力强，有的人记忆力好，有的人善于推理，有的人强于创造，都可能因为天生某个“大脑区块”特别棒。也可能因为后天的训练，使那脑海里开出特别多的道路。

相反地，如果一个人在年轻时不全面学习，学文的完全不碰数理；学理的又不碰文学，则可能造成某些部分“未开发”。遇到紧要关头，高速公路堵塞，非得绕道走另一区的时候，就处处“行不通”了。

大概正因此，许多画家说他们喜欢与音乐家做朋友；又有不少音乐家说当他们不作曲的时候，喜欢读诗。因为诗中有画，画中有诗，音乐与诗文相通，能左右逢源。许多了不得的灵感，都是由那些看似不相关的东西引发。

最近我去交通大学演讲，回程有个学生与我同车聊天，说新竹工业园区有些电子工厂，会定期请文艺界人士演讲，因为人文素养能帮助员工开发科学的创意。

我在最近的中文版《读者文摘》上读到一篇文章，说罗大佑十八岁起，做医生的爸爸就教他开刀。罗大佑后来进入医学院，又在医院工作两年。当他最后选择音乐的时候，许多朋友认为他浪费了那么多时间习医，太可惜。但是罗大佑说，医学院严谨、科学、重视伦理与尊重人权的训练，对他后来写歌、作曲，乃至为人处世，都有很大的影响。

听我讲了这么多，请别再怨学校教你没必要的东西了。每当你读到枯燥的东西，可以告诉自己：“我脑海里有那么多空地，应该好好利用，这些看起来没用的科目，其实都是耕耘机，为我以后的人生，带来全面的丰收啊！”

【刘墉经典语录】

提示法任何书，管他是生物、地理、历史或物理，你都可以把每一页最重点的东西浓缩为几个字的提示，经由那些提示想整章内容，绝对比直接看课文来得费脑筋。对！费脑筋！愈费脑筋，脑筋愈灵光。你要学着运用脑力，强迫自己集中注意力，去思想，去搜索，去诘问。渐渐地，你思想的速度会愈来愈快，进入跳跃思想的境界。

人生因记忆而充实

我很不会记数字，有时简简单单几个字，背了又背，转眼就忘了。但奇怪的是，我会记银行账号，好多账号我都能在“电话查账”时轻轻松松地背出来。

我曾经算过，平均一个月查账一次，就算一年，也不过十二次。起初几次我虽然不记得，必须一边看资料，一边输入。可是为什么同样的数字，我连着念三十遍，隔天都会忘记；而一个月才温习一次的账号，顶多半年就能记得了呢？

半年，六个月，我才看了六次啊！

后来读有关记忆的书，我终于搞懂，记忆需要重复温习，才能“落实”在脑海里，而且“分段学习”远比“一次硬塞”的效果好。

正因此，学校排课时，明明可以把英文、数学各排一整天，却非得打散不可。甚至每天排一堂英文、一堂数学。这在记忆学的理论上称为“间隔训练”（spaced training），目的就是增加“长期记忆”的效果。

【刘墉经典语录】

潜意识法是当你苦思不通，使自己陷于焦虑的时候，不如先放下，去做别的事，让问题在潜意识中酝酿。但是注意！你先要把它当件大事，才能驱动潜意识。如果你根本不在乎，或一“放下”，就“全放下”了，完全不悬念着，就不可能让潜意识发挥作用。罗素说当他还年轻的时候，每次面对难题，都怀疑自己没能力解决，甚至烦躁到有些神经质。但是渐渐地发现，硬去想，常常只是浪费时间，反不如把那个题目先苦思一阵，接着抛开，放到潜意识中思索。过一阵子再思，问题就容易多了。

我今天特别谈这件事，是因为发现许多年轻朋友喜欢临时抱佛脚，而且认为一次读完比较方便，又记得牢。

我女儿就这样，她每个星期天要上小提琴课。她明明可以每天练一小时，但她不这么做，非要等到礼拜六，才一次苦练七八个钟头。我说她，她便拿出那套歪理，说七八个小时，除以六，还比她“一天一小时”练得多呢！

我在生活中再三地见证了分段学习的效果好。举个例子：

我的床头总堆着许多书，有文学的、科学的、艺术的和各种杂志。每天睡觉前，我总坐在床上读书，而且每次最少读三种。

我发现分段阅读有许多好处：

第一，好像吃饭时有不同的菜肴，这样吃两口，那样吃两口，味道有变化。小说看累了翻翻传记，传记看累了，再看看科学新知，比较不会腻。

第二，这样能够加强记忆。举个例子，如果看马尔克斯的《百年孤独》（*One Hundred Years Of Solitude*），那书里的人物复杂极了，一口气读下来，固然容易得多。但是当我隔两天，甚至隔一个礼拜才看一次的时候，因为不得不先回想读过的情节、人物的关系，就像每个月记一遍银行的账号，反而记得牢。

连看电视连续剧都一样，在海外许多朋友只要拿到一套光碟，就废寝忘食地看，甚至一集接着一集看到天亮，再红着眼睛去上班。可是往往看完没多久，就忘了戏里的情节。反而我跟我太太，一天坚持只看两集，能够记得清楚。

书要常温。常温是常思考、常翻阅。当你有一天年岁大了，跟老同学聚会，会发现有些人能记得许多以前所学的，而有些人已经忘得一干二净。尤其耐人寻味的是，那些当年在班上名列前茅的，可能反不如“吊车尾”的同学保存得多。

想想，在学校里曾经花多少时间背那些东西啊！如果离开学校就还给老师，就算当年拿了好成绩，那段“苦学”不也白搭了吗？比一比，当然能够记一辈子、用一辈子，甚至能把早年学到的诗词拿出来吟咏、用以前学到的知识来看这个世界的人，过得比较丰富。

说了这么多，我要建议每位年轻朋友：别临时抱佛脚，而要随时学、随时记；上完课，回家就复习一下。就算可以一天完全用来念英文、另一天完全用来做数学，也把它们拆开、穿插着学习。

我更希望每个学生在进入社会之后，能常常回想一下以前学到的东西，把那些有用的知识、美丽的篇章带到整个人生。生命就是记忆！我们知道自己活了多少岁，不是因为感觉自己有那么老，而是因为能记得自己的过去。

忘得愈少，生命愈充实！

【刘墉经典语录】

人的记忆很妙，童年时的平实与美好，很难被深刻地留下。反倒是屈辱与不平，会一件件镌刻得清清楚楚，且随着父母的年迈，以反讽的姿态出现。每日些微的浸润，日积月累，长久持续下来的学习成果之大，常是我们无法想象的。

你要发现自己

说个笑话给你听：有个新警察，去看电影，刚排队，就有人说他一定是新警察。

“你怎么知道我是新来的？”

“因为你不知道警察不必排队。”

于是这新警察插队买票。

“你一定是新来的。”售票员说。

“为什么？”

“因为你不知道警察不必买票。”

警察就直接进去，坐在楼下。

“你一定是新来的。”有民众说。

“为什么？”

“因为警察都坐楼上。”

看完电影出来，新警察去买烟，指着摊子上的烟问价钱。

“你一定是新来的。”老板说。

“为什么？”

“因为前面都是假货，警察知道真货在后面。”

新警察觉得很没面子，跑去旅馆“临检”。

砰！踢开一扇门，一男一女衣衫不整地在床上。

“你一定是新来的。”那女的吼道。

“为什么？”

“因为你连你局长都不认识！”

好！现在把前面的笑话盖起来，回想一遍，你能不能完整地说出那个故事？当你说的时候，是不是有个画面浮现在你脑海？还有，当你听我说故事的时候，是不是已经一边听，一边有画面浮现？

如果你很轻松就记起来了，而且有那些画面出现，表示你能够用视觉记忆。

【刘墉经典语录】

失败的时候，你可以坐在地上，回头看害你跌倒的坑洞，检讨自己为什么失败，你也可以伤心、落泪，但是一边擦眼泪，一边站起身，准备再一次向前冲。尽管不见得一分耕耘能换来一分收获，但是耕耘多的人总能有较多的收获；这就好比守株固然可能碰上一只自己撞上树的兔子，但绝不可能比得上主动出击的猎人。

再举个好笑的例子。我常常在旅行时，离开旅馆房间，就忘了房间号码，有时候甚至得跑去柜台，查我住在哪个房间。

出了几次丑，我不得不想办法对付自己的健忘，于是借助“听觉”和“视觉”法。

比如有一天我住1712房间，出门的时候就用声音去想：“那是一妻一儿”。还不放心，又用“视觉”去想：“1712是我用一根拐杖打一条蛇，救了我的鹅。”

妙不妙！到今天我都没忘那家旅馆和那个房间。

请别笑我笨，问题是许多人家看一次就记得的东西，我硬是背不起来，所以不得不想办法。而当我使用自己的方法时，常常别人忘了的事，我反而能记得，结果非但技惊四座，而且在许多方面超前。

像是去年，有个朋友说“昆明街九十七号的牛肉面不错”。

我当时表示得用视觉的方法记，大家都笑我。可是今天我为了写这篇文章，打电话给当天在场的朋友查证，连说的人都忘了，我却能记得。因为我那天不是只记“昆明街九十七号”。

我是先想“昆明是云南的省会，我带太太和女儿去玩过，很美的城市”。接着想“九十七是一百减三”。

因为一百是个整数，好记。“事不过三”“三心二意”“三人行必有我师”，三的手势也好比，“一百减三”对我比较有意思。九十七这个数字对我没意思，当然“一百减三”容易记。

擅于视觉记忆的人，甚至能用回忆在书本某页某个位置的方式去想，试着让那一页重新浮现脑海，再从里面去寻找。

宋代女词人李易安就善于这种记忆，她在《金石录后序》里说，能记得“某事在某书某卷第几页第几行”。李易安的丈夫赵明诚不信，两人打赌，李易安总赢。

你要知道，一人一个样子，每人的长处也不相同。有些人能“强记”，就算没任何意义的东西，他都不必透过任何画面或声音，就能记得下来。相反地，当有人能“一目十行”时，有人却“十目也看不了一行”。

如果你发现自己是后者，难道就自暴自弃了吗？你怎不想想自己的聪明可能像矿石，必须挖掘，而且锲而不舍地往深处钻，才能发现。就像我，此路不通的时候找别的路，先找出自己最佳的记忆方式，再顺着那条路跑下去！

想赢过别人，先要赢过自己；想了解别人，先要了解自己。否则你很可能站在自己的金矿上却羡慕别人的铜，自怨自艾地过一生。

试着从不同的角度去发现自己、了解自己吧！你极可能后来居上，而且到后来被羡慕、被赞叹。

天才与白痴

我觉得你妈妈实在很可怕！

有一天半夜，突然电话响，我接起来，原来是位许久没联络的中国台湾朋友，辗转得到我的电话号码，他忘了有时差，就急急拨过来。发现我正睡觉，他赶快道歉，并把他的电话号码告诉我，希望我跟他联络。

我匆匆写在床边的小纸条上，又复述了一遍，没错，就挂上了电话。可是第二天晚上却找不到那小纸条，大概白天被清洁工扔了。正懊恼，被你妈妈知道了，笑笑说“好像是××××××××”。

我说我接电话的时候，她正熟睡，怎么会知道。她说她在半睡半醒之间，好像听到我说这个号码，可以试试看。

我起先不信，后来勉强一试，居然对了。所以我后来常跟朋友说："小心哪！太太睡着的时候，耳朵都是张着的。"

问题是，我忘记了自己醒着时候记下的电话，你妈妈半睡半醒之间听一遍，怎么就记住了呢？

其实你小姨也有这本事。她刚来美国上教育研究所的时候，要做示范教学，请你哥哥捉刀，写了篇一个多小时的讲稿。时间赶，好多生字。她都没时间查字典，居然两三天背得滚瓜烂熟，登台演出。不但得到最高分，而且系里有意留她做助教，觉得她英文太溜了。

大家完全看不出你小姨是硬背的，她恐怕连她自己讲的内容都不完全清楚。

【刘墉经典语录】

朋友固然是孤独最佳的止痛药，孤独却是心灵成熟最好的催化剂。孤独，使我们能面对自己，面对过去，面对未来，也面对生命。活的不腐，腐的不活。只有在困难的环境中不腐的人，才能生根成长。至于那些表面鲜艳的鲜花，多半从插入水中的那一刻，就开始了腐化。

希望你遗传了你妈妈的本事，因为我的记忆力比她差远了，我连念东西，都不如她精确。

记得年轻时候，有一次“中视”新闻部服务考生，提前播报录取名单。因为人手不足，请你妈妈去帮忙，我播一段，她播一段。我播的时候，常错，因为我的心不定，爱瞎想，也可以说“联想”。比如“王美雪”，我会念成“王美丽”。看到“美”就想到“丽”。

但是你妈妈棒，看一个字、念一个字，念得比我快，却从头到尾没错半个字。

从那之后，我就常研究她。这么多年下来，我发现我和她的记忆大大不同。比如租录影光碟，我看片名，八成不记得看过没有，她却能立刻想起租过没。但是她多半记不得内容，只记得片名。相反地，我只要细细看那光碟盒子上的照片，想一想，总能忆起电影情节。

读诗词也一样。你妈妈往往记得哪首诗是谁作的，但不记得内容。我则常记得整首诗，却不记得作者和题目。

我对你提这些，是因为今天看《星期日邮报》（*Sunday Post*）上有则新闻，说美国有个四十岁的妇人，跑去看精神科医生，因为她实在受不了自己的记忆力。

经过加州大学艾尔文分校研究人员的测试，这位妇人居然能记得 1980 年以后每天发生的事情，连发生了小型地震和一些电视肥皂剧最后一集播出的时间和内容都记得。所以大家称她为“活人日历”。

问题是，测试却发现，她没办法记住长串的数字或单词。

相对地，哈尔滨的电信局话务员勾艳玲能背一万五千个长途电话号码；日本一个叫友寄英哲的人，能背出圆周率到小数点后第四万位。但你叫他们回想过去二十年每天的琐事，他们八成办不到。只怕连前天的事，都不一定能立刻记起来。

由此可知，每个人记忆的长处是不同的。有的人像打单发的子弹，一发一发地命中；有些人又像打散弹枪，射出的是一片一片；有些人可以记完全没有意义的名字、数字；有些人只能记经历过的事情，或读过的完整故事。据研究，记忆力和智商也没有太大的关系，像美国那个被称为“活人日历”的妇人，智商就很平常。

我说这么多，是要告诉你，不必为自己记忆力不好而自责，也不必为你记得、别人忘掉而沾沾自喜，因为人各有所长。

最重要的是一个人要成功，先得认识自己、分析自己、发现自己的长处。然后，取长补短，才能事半功倍，获得成功。

你是哪种桌子

“你的光碟真管用，我儿子背一年都背不下来的东西，居然看了光碟之后，就全记得了。”最近有个朋友对我说。

原因是我由大陆带回一组谈清代皇室的光碟，那不是电视剧，而是由著名的清史家，用讲课的方式，说清代皇室的故事。我那朋友的儿子学历史，平时最困扰清代的一堆制度和官衔，没想到看了我借给他的光碟，居然一下子全记住了。

历史剧还真有用。我早就听中学老师说，好多功课很差的学生，看了汉武帝、成吉思汗、亚历山大大帝之类的电影，居然不但如数家珍，还在课堂上跟老师辩论。

那些老师多半是怨历史剧考证不精，又胡乱改编史实，造成他们教学的困扰。但是也有少数老师说：很奇怪！有些学生好像用说故事的方法特别管用。你教他记一二三重点，他读一百遍也记不住。说个故事给他听，他却能记得一清二楚，可见那些学生不是笨，只是读书不专心。

我以前在大学教书的时候，也听同事抱怨学生们很难对付，有些学生爱听课，喜欢老师勾出重点。有些学生却讨厌这么做，他们只喜欢听故事，如果放电影给他们看，更高兴。于是有些教文史的教授干脆放英国牛津大学克拉克（Kenneth Clark）制作的电影《BBC文明——西方艺术史话》（*Civilization*）给学生看，偏偏又有学生不爱看，还跑去系里告状，说教授偷懒。

说实话，“怎么教”也是我多年来常思考的问题，到底应该以提示重点的方式，还是透过整体陈述，用说故事的方式？

我发现有些学生如果只看课文，由于他们没办法整理出重点，考试总考不好；又有些学生如果只给他提示重点，就算简简单单四五条，他们也记不住，非要听故事或了解整个史实的来龙去脉之后才记得清。

中国台湾近两年“建构式”数学的教法也有争议。有人说数学最重要的是观念，要有数学的观念，将来才能活用，也才能产生伟大的数学家。所以三加三加三加三，要先像数豆子一样，让学生数，算出来是十二。

但是另一派则笑说，三四一十二，多简单！背“九九乘法表”，一下子就算出来了。平心而论，这两派的说法都有理，最重要的是要看学生的特质，因材施教。

我今天为什么特别谈这个，那是因为从事几十年的教育工作，加上近几年看研究记忆和用脑方面的书籍。我发现当老师只用一种方法教学的时候，可能只成功一半。

记忆就像桌子，有些人是单脚桌，碰到这种学生，你可以连课本都不打开，直接丢给他一本参考书，或直接勾重点：“一二三四五六七，老师都为你整理好了，考试不会超出这范围，这七点背下来，保证你一百分。”

那些“单脚桌记忆”的学生，可以很快地把七点“强记”下去，到时候考满分。但是另一批学生就麻烦了，他们的桌子必须有三只或四只脚，才能站得稳。他要问为什么，前前后后是怎么回事。比如：“为什么打仗？为什么打败？为什么签不平等条约？签了之后人民的反应如何？”

当老师从头到尾照课本念一遍，并添油加醋、活灵活现说成故事之后，再把重点告诉他，他自然就记住了。那些故事就像桌子的三只脚或四只脚，构成一个很稳的桌子。让学生把重点一样一样稳稳地放在桌子上。

说了这么多，我觉得每位师长，都应该了解学生的记忆特质。而且为了不牺牲任何学生，除非时间不够，最好先把课文好好讲一遍，然后才划重点，而不能直接就教学生勾重点、死记硬背。

而且活的知识记得久，死背的东西一下子就忘了，如单脚桌与四条腿的桌子比，当然后者站得更稳。

想想！你是哪种桌子？你的桌子稳吗？

【刘墉经典语录】

我们在与人沟通之前，一定得充实自己的信心，使自己感觉有分量。这信心可以从两方面来充实，一个是你真要“艺高人胆大”，由于准备充足，而能显示自信。另一个是如同许多球员上场之前，会彼此拍拍、打打气。你可以在出门之前，尽量想想自己的长处、鼓励自己，对自己说：“我办得到的。我相信自己办得到。”

· 第五章 ·

谈考试

有人说“我们是考大的”。这句话一点都没错，而且不只是“考大”的，还是“考中”的、“考老”的。一直到老，都得考。

不过考真有用，总考试的人或经过模拟考的人，上阵就是不同。在学校不同，到社会上遇到考试也比较能应付，只是时代不同了，平均寿命不同了，我们今天看待考试是不是也该不一样了呢？

下面几篇谈考试、谈入学，也谈大学指定考的作文。

一生努力为一生

今天你去考学术能力水平测试（SAT）。虽然这个考试是申请美国大学最重要的指标。但我们故意不当一回事，这几天更连提都不提。

因为我们知道你已经很紧张，不必再增加你的心理负担，我们也知道许多大陆家长在考前特别为孩子进补，反而造成上火和消化不良。所以连你今天早上吃的东西，都与平日完全一样。

四个钟头的考试一下子就过去了。你同学维琪的妈妈开车去接女儿，看到你，要载你一程，你婉谢，说要自己走路回家。

再试一次就成功：被拒绝的勇气

今天是入春以来最暖的一天，尤其中午，气温达到二十多摄氏度，你先绕小路，发现不通，只好回头，足足走了三十分钟才到家，进门脸红扑扑的，直叫又累又饿。但跟着你又红了眼眶，觉得自己没考好，还跑回房间查字典，发现生字部分已经错了两题。

孩子，你一向有患得患失的毛病，几乎每次大考和音乐比赛回来，都觉得自己表现差，直到结果公布，才发现成绩很好。

我也一样，学生时代每次考试，甚至而今每次演讲之后，都不满意，觉得缺点太多。甚至为此整夜睡不好，把演讲从头到尾整个想一遍，愈想愈不安。

但是相反地，有些人却在考试之后，一走出考场就喊“太容易了”，让我的心情大受影响。我以前甚至猜测，他们是故意这么说的，那是种心理战，如果连续两天考试，他第一堂出来先恐吓一下，很可能让我后面的表现“走样”。

你今天也听见有同学说简单，虽然下面没有考试，却影响你的心情，使你更不安，更觉得自己发挥失常了。

午餐后，你总算暂时放下忐忑的心情。却又站在厨房靠着橱柜感伤地说：“天哪！过去花了那么多时间准备，做了那么多模拟试题，紧张了那么久，可是才一下下，四个钟头，就一切都过去了。”言下似乎觉得以前那么多努力，不太值得。

但是孩子！你想想，人生不都是由这种“剧情”串联起来的吗？

想想那些运动员。以你最熟悉的溜冰选手来说吧！他们从小就练，每天甚至天不亮就起床，赶在溜冰场没人的时候去练习，再冲到学校上课。还有，你那些学小提琴的朋友，几乎天天跟琴抱在一起，有些为了学琴，周末赶几个小时到曼哈顿找名师。

当那些溜冰选手终于到了奥运场上，那些学小提琴的人终于站在音乐大赛的评审前面——

只有几分钟？只有几分钟让他把过去十年甚至十几年的辛苦成果，拿出来发挥啊？无论他过去表现多好，摔了就是摔了，错了就是错了，败了就是败了。

这就是人生啊！

【刘墉经典语录】

人生如果只是一根平平的线，多没意思。一定要起起伏伏，有付出，有获得，才丰富。人生就是要有成功，有失败，才有意思。有赢有输，才是多彩的人生！从你选择了，抬起脚，走上去的那一刻，你就再也不能回头。

回头的路，已不是原来的路；回头的你，已不是当初的你。

人生不能重新来过！

中国人常说“十年寒窗无人问，一举成名天下知”。那句话换个方式讲，则成了“十年寒窗无人问，一朝失算满盘输”。过去的经济情况不好，许多农家生了四五个儿子，只有一个能读书，其他的则得下田工作，支持唯一的兄弟求取功名。那读书人也可能到头来，因为一两篇文章决定前途，他的压力不是更大吗？

所幸，现在人的寿命长了，一个世纪前，中国男人平均寿命不过四十九岁。二十岁不成功，下面剩下的岁月不到三十年。

但是现在人们的平均寿命可以达到七十七岁，尤其你们这一代，有科学家预测可以过百。所以就算二十岁没能考好、没能进好的大学，下面还有七八十年的岁月。就算把其中老年的日子扣掉二十年，也还有六十年让你发挥啊！

所以今天你们看待考试的态度应该改了。虽然那些考试仍然非常重要，但是因为下面的岁月长，你可以有一次又一次反败为胜的机会。

就像我面对演讲，没错！我是会患得患失。但是当我一次安排几十场演讲时，就算这场没讲好，接着又有另一场可以让我扳回，前面那场也就变得没那么要紧了。

更重要的是，你要想想过去花那么多时间准备，难道只为了一个考试，考完就再也不用了吗？抑或你学到的东西，将可以供你往后使用七八十年？

你辛苦学习，只为那一个考试吗？

你上幼儿园、小学、初中、高中，只为了进大学吗？这么推理下去，我们努力一生，只为死吗？还是，我们一生努力，为一生。一生学习，为了使用一生？

明天有明天的戏码。

这场戏可能落幕了，过去长期的排演，可能在掌声中，已经告一段落。剧场里的人走光了，幕布拉开，面对空空的场子，没错！每个演员都会一下子放松，也一下子空虚了。

但那是真的空虚吗？还是另一场的开始——这一场表现不好的，尽量检讨改进。这一场表现好，便更上层楼。

明天，又有明天的戏、明天的排演、明天的演出、明天的掌声！

孩子！上一段结束，不正是下一段的开始吗？

【刘墉经典语录】

人生就像是一场棋，对手则是我们身处的环境，有的人能预想十几步，乃至几十步之外，早早便做好安排；有的只能看到几步之外，甚至走一步，算一步。棋子总是愈下愈少，人生总是愈来愈短，于是早时落错了子，后来都要加倍苦恼地应付。而棋子一个个地去了，剩的越少，便越得小心地下。赢，固然漂亮；输，也要撑得久，输得少，才有些面子。如果在人生的旅途上有高山也有平原，我们最彷徨的时候应该是在平原而不是在高山。因为当眼前横着高山的时候，我们只想到如何攀越，但是当平原展现在面前，却往往不知道该选择哪个方向了。

回 家

不知是否因为我最近常发表有关“写作”的文章，考试刚完，就接到许多学生的E-mail，问我《回家》这个作文题目该怎么发挥。

有个学生说得妙——“回家就像吃饭，天天在发生，回家就是回家嘛！有什么好讲的？怎么写都俗气。”

我想了想，却觉得《回家》这题目出得妙，妙在它可以大俗，也可以大雅，颇能测验出学生的慧心。一天到晚读死书，只知用“掉书袋”换分数的学生，可能少了用武之地，反而是那些脑袋常常急转弯的，却可能表现不凡。话说回来，不知如何下笔的人，常常因为不会找路子，只要由“人地事时物”五条线去想，一定能发现些“妙点子”。举几个例吧。

从“人”的角度写，除了自己回家，不是也能写爸爸回家、妈妈回家吗？你可以说：“长年在中国大陆工作的爸爸要回来了，爸爸回家是大事，妈妈从好几天前就开始收拾，还叮嘱我把房间整理好。爸爸的飞机晚上到，他坚持自己坐出租车回家，反而让我们好紧张，只要听见关车门的声音，就急着探头往外看……”接下来可以写爸爸回家的脚步声、疲惫的样子，瘦了还是胖了。不是很好发挥吗？

再从“地”的角度写，你可以说“自从到中国台北读书，我就有了两个家，一个是中国台北的家，一个是乡下的家。但不知为什么，每天回中国台北的家，都不觉得是回家；只有放长假回到苗栗的那个家，才觉得身心安顿。大概在外面一个人住，太寂寞，算不得家，唯有依偎到妈妈身边，看见四周的亲人，才有回家的感觉……”接着你可以写回家一路的心情，带什么回去，最想吃的是什么食物，看到父母那一刻的感觉。不是也很好发挥吗？

【刘墉经典语录】

无论说话、写作、采访，先想“人地事时物”，再加上动态、声音或色彩，就好比盖房子，先要有好的地基和建材，再加上漂亮的装潢设计，就一切妥帖了。读课外书籍则没有这种负担，你既然因为喜欢而买它，就会以欣喜的态度去阅读；没有人规定什么时候非读不可，于是你可以随时拿起、随时放下；你也不必为考试而去背，甚至不必全都搞懂。但正因此，你达到了陶渊明“好读书不求甚解，每有会意，欣然忘食”的境界。闲适的心情，使你更能跟古人神交。而在那些课外读物中学到的东西，又常常是别人不知道的。于是有一天你跟人家比赛，势均力敌之际，可能就靠那“多出的一点点”而获胜。

再从回家这件“事”来想，可以写：每个人都有家，也都要回家，但回家却可能不同——小时候跟着父母，回家是回爸爸妈妈的家；住校之后，回家是回宿舍；找到终身伴侣，成了家，回家是回我和他（她）的家；再过几十年，我们老了，可能跟着孩子，回家是回子女的家；终于有一天，我们不得不离开这个世界，则是回到天上的那个家……

顺着这条路，又可以由回家的“时间”来想，比如写：自从上高三，就只有星星、月亮陪我回家。每天出门，背对着家，没有心情回头看；每晚归来，已是一片夜色，看不清家门。

有一天提早放学，我下午回家，远远看见家，竟有一种陌生的感觉，因为已经太久没看清我家的房子，居然忘了家门口那棵高高的玉兰花树。回家，本来该是件多美的事，但在功课和考试的压力下，我已麻木，只觉得回到旅馆，睡一觉，又要出发……于是你可以完全从另一个角度写回家。

最后由“物”来想。可以随便挑一样家中的东西入手，比如门灯，你可以说：“每天傍晚，母亲都会点亮门前的那盏灯。不知她是不是选了特别亮的灯泡，只要我走进巷子，就能在一片灯火中，看见那最灿烂的一盏门灯，知道爸爸妈妈在等我回家。有时候上了一整天的课，考了一堆试，背着沉重的书包，我真累极了，但是只要抬头看见那盏灯，就突然感到一种温暖，加快脚步，朝家门走去……”除了门灯，当然你也可以由书房的灯，想到父亲；看到厨房的灯，想到妈妈。还可以写一棵树、一栋建筑，甚至一块大石头、一条小木桥，通过那些“物”，说出回家的感觉与心情。

上面我举了许多例子，不是比引经据典、掉书袋、说道理更感人吗？尤其重要的是，它们虽然都写回家，但因为切入的角度特殊，而能不落俗套。只要找对路，作文其实并不难啊！

【刘墉经典语录】

平常吃得太标准，好像一个把教科书背得滚瓜烂熟，却从来不看课外书籍的好学生，除了课本以外，连最简单、最普通的东西都不知道。结果，树皮革根正好有你从来都不碰，身体却需要的“微量元素”，就一下子把身体调养好了。你想写作文轻松，一定要艺高，艺高则需要平时努力。为了使你写出的东西与别人不同，也为了表现你旁征博引的功夫，你要多看课外书籍，甚至报章上的科学新知都得汲取。在生活上则要多观察，所谓“一沙一世界，一花一天国”，从细微的东西上“格物致知”，从人与人之间去“感悟深情”。

和忧郁做朋友

昨天深夜，我听见楼上传来重重一声，以为你掉落什么东西，但连着又传来几声，接着你妈妈就上楼了，而且一去就是半个钟头。

最近夜里你常闹脾气，你妈妈总得上楼做“精神谈话”，而且每次下楼必定怨我，说是我遗传给你，你跟我年轻时一样，到了晚上就抱怨当天的事情做得不够多，或莫名其妙地不开心。

她把你闹情绪怪到我头上，我百分之百接受！因为我直到今天都一样，常常到了夜里十一点钟就心不安，觉得好多事没做完，产生莫名的恐慌。

但这有什么不好呢？我发觉许多像我这样，总怨自己没做好这样、没弄好那样的“完美主义者”，虽然过得辛苦，却能有不错的成就。

话说回来，当你想把每件事都做得十全十美，当然会透支，也当然会焦虑。记得有一阵子我说我有忧郁症，你妈妈说那哪算忧郁症，又说她早问过精神科的医生，医生说事情太多而有躁郁是正常的。我的工作这么重，换作哪个人都一样。相反地，碰到大事，却若无其事，倒可能有问题了。

你今年有一堆考试，加上担任校刊主编、参加交响乐团，还得为歌剧伴奏，当然会焦虑。你怎不想想，自己能扛下那么多重任，也是一种光荣呢！

我是过来人，也了解青少年忧郁的表现。不久之前我还在《读者文摘》里读到，中国香港和上海的青少年，曾有自杀想法的有百分之十一点二和十一点三。中国台北的更可怕，居然高达百分之二十七点七。

青少年为什么会有自杀的念头？并不一定是因为功课压力，而是因为青少年正处于离开父母、外出独立的“转换期”，生怕自己没有能力面对未来，并且开始想人为什么活着，到这个世上来有什么意思。

所以青少年常爱算命，想预知自己的未来；也有不少人小时不信教，到了青少年期，却总跑教堂。

我在青少年时期也一样，甚至喜欢一个人独自到深山里，坐在溪间的大石头上写文章。那时我最爱去乌来的“云仙乐园”，听见园里播出流行歌曲《蓝色的梦》，心头就浮上蓝色的哀愁。所以我少年时特别喜欢古人“少年听雨歌楼上”“为赋新词强说愁”和“念天地之悠悠，独怆然而涕下”的诗句。

我也欣赏诺贝尔文学奖得主，日本作家川端康成的《伊豆之舞娘》，觉得从书中那个体弱少年的身上，好像见到自己。

当然，多愁善感也可能是天生的气质。近年的医学研究，发现那气质常因为“血清素（serotonin）”而不足。

我们脑里好像有条河，许多忧愁的人到河边等着过河，“血清素”则好像载人过河的渡船。当“血清素”多的时候，那些忧愁的人很快就渡过了。而当“血清素”不足，河边则挤满了忧愁的“待渡者”，这种人一多，忧郁症就来了。

也可以说，同样烦心的事，有些人一下子就过去了，有些人却挂在心上久久不去。后者尤其到了晚上，可能一整天的事都会浮上脑海——“我是不是白天又讲错话了？”

“某人那句话是不是针对我？”

“我今天的考试，原来认为表现不错，但会不会填错格子，或没看清楚题目？”

因为“血清素”不够，那河边一堆“忧愁者”，你一言、我一语地吵闹着。有些人甚至因此而失眠，或产生“强迫症”——也就是明明不愿去想，却非想不可；明明出门时把炉子、窗子都关好了，离家之后却又不放心，非要回去检查不可。

不可否认，这些情况严重起来，都算是一种精神病，但是毛病有轻有重，重的固然应该吃药，轻的却是一种“人格的特质”。如果你发挥这特质，反而能因为常常检讨而减少失误、因为追求完美而精益求精。所以古往今来，不知多少伟大的艺术家、文学家、政治家，都有忧郁症的现象。

不久前，我去医院看眼睛，先放大瞳孔，再检查眼底。医生说我的飞蚊症不致恶化，但也没办法改进。在我临走时，他还幽我一默：

“那不是早就存在了吗？不理它、别管它、忽略它。如果还总觉得它在眼前晃，干脆就跟它做朋友。”

医生讲得多好啊！很多毛病，如果难治疗，又没有严重到该吃药，就跟它做朋友吧！甚至感谢上天，给你与生俱来的忧郁特质，使你能“先天下之忧而忧”。

记得我像你这么大时，常因为忧郁而失眠，但是有一天读到晋代阮籍的诗：“夜中不能寐，起坐独鸣琴。薄帷鉴明月，清风吹我襟。孤鸿号外野，翔鸟鸣北林。徘徊将何见，忧思伤我心。”

我一下子想开了：多好的一首诗啊！没错，阮籍失眠了，他可能有忧郁症，但他泰然面对，睡不着大不了不睡，起来弹琴作首诗吧！

阮籍不正是在失眠夜、伤心夜，才写出了这首能传诵千古的作品吗？

【刘墉经典语录】

你看地平线上的月亮，跟看头顶的月亮，会觉得不一样大。你躺着想一件事，跟站着想一件事，也会不同。每次在消极的时候，我都告诉自己：动起来！不要坐在这儿发愁。动起来！问题就能解决了。你会发现求学像登高，不从山脚一步步往上走，是攀不上顶峰的。而很多你在学校里学到的“看起来不像学问的学问”，正是那山脚的阶梯。

四肢发达一定头脑简单？

去年你们学校的毕业班有两个人进哈佛。

一位是大家早猜到的，平均成绩九十八分的全校第一名；另一个人则隔了好久才发现，居然是一个游泳队的同学。

前天，你从学校拿来“毕业班成绩和入学报告”，赫然发现那游泳队同学的学业平均才九十分。好多同学都愤愤不平，说平均九十五分，名列前茅的都被哈佛打回票，怎么九十分的却进了？

“虽然早知道美国大学因为需要培植校队，会‘特别’收运动员，但是没想到差那么多也收。怪不得好多人跑去体育社团，为进名校铺路。”

你回来这么抱怨，我听了也有同感。

但是今天早上，你妈妈和王妈妈通电话，聊到去年进哈佛的那位游泳选手。

王妈妈说：“他真棒极了！不但每天要练习，常常代表学校出去比赛，而且回家得赶功课赶到一两点钟。”

“游泳是很累的。”王妈妈说。因为她女儿也在游泳队，所以她很清楚那里的辛苦。据说好多队员下午三点放学之后，一直得练到七八点，回家又累又饿，躺床上就睡着了。睡到半夜醒来，还得撑着疲惫的身体把学校的功课做完。

高中的课因为是选修，学生来来去去，老师们不清楚学生的背景，很少会为比赛的选手网开一面。代表学校出去比赛，虽然是公假，但是照样得补考，一分也不放水。

所以那位进入哈佛的同学，能够平均九十分，已经很不简单了。美国大学显然也清楚这一点，所以为运动员加分。因为运动同样需要努力、需要付出，甚至说需要更多的牺牲和坚持。

换个角度想，既然那位游泳选手，能在辛苦的运动之后，还拿到九十分，如果他早放弃运动，全力拼学业成绩，也一定能冲到九十五分以上。

正因此，那位同学不但被哈佛录取，而且受到许多常春藤名校的青睐，甚至主动与他联络，给他奖学金，招他入学。

【刘墉经典语录】

如果你有远大的志向与野心，焚膏继晷时别忘了你的身体。否则你可能成为一路领先，却倒在终点线前的跑者。到头来，你输了！年轻人！把握你人生最美好的时段，为自己做点学问吧！不为父母，不为老师，不为成绩，甚至不为联考。只因为，你要在自己纯净的心灵上，多记录些美好的事物和前人的智慧。只因为，你要打造一把钥匙，去开启人生的每一道门！

王妈妈还说了令我们吃惊的事——

游泳队员在进哈佛之后，必须承诺每星期花三十五小时练习游泳。

三十五小时，天哪！平均不是每天都得有五个小时吗？哈佛的课那么重、竞争那么激烈，他们每天要从哪里挤出这五个小时啊？

这使我想起你小时候，曾以关颖珊为偶像，一个礼拜有三天练溜冰。每次到了冰场，换衣服、穿冰刀鞋，单是妈妈蹲在地上为你绑鞋带，就不知花多少时间。两个小时溜下来，身上还在冒汗，冰场却冷得要死，稍稍不小心就得着凉。

那时候你已经叫苦了。可是后来才知道，好多跟你同场溜冰的小朋友，每天清晨就赶到冰场，因为那时候人最少，他们才能放开来练习。当练到一个阶段，除了四处去比赛，他们还得追着老师跑，每周坐几个小时的车，去找名教练。

如果没有热情、没有野心、没有抱负、没有坚毅，哪个孩子受得了？

正因此，一个个怀揣梦想的孩子，包括你，最终都放弃了！只有两三位，包括2002年得到奥运金牌的莎拉·休丝（Sarah Hughes）和她的妹妹，还在继续。

莎拉被哈佛录取了。改天如果她妹妹因为表现杰出，也进入哈佛。就算成绩只有九十分，甚至八十几分，你又能不服气吗？

记得多年前，你妈妈还在大学当入学部主任的时候，有一天回来感慨地说，她以前碰到体育系的人来向她说情，希望特别批准运动员入学，她很不以为然，认为读书就是读书，学习成绩不好就不能进来。

可是她十年做下来，观念改变了。她发现美国社会对运动员特别尊重，连美国公司都喜欢用退役的运动员。

因为好的运动员常比一般人更乐观、更积极、更勇于接受挑战，他们在工作时总有不错的表现。

爸爸和妈妈过去受旧观念的影响，认为运动员多半四肢发达、头脑简单。显然我们错了！而且一直到今天，还在纠正这错误的印象。

孩子，你们对那位游泳队员的不服气，会不会也错了呢？

苦寒，真美！

下午，明明是大太阳，却雪花飞舞。看好多小鸟到喂鸟器里争食，我想大概它们感觉到未来数天将是零下十几摄氏度的雪天，于是急着填饱肚子。

喂鸟器只有几个小洞，我看看表，心想只怕直到天黑，每只小鸟也吃不上几口，于是走到厨房，抓了一大把鸟食，撒在阳台上的空花盆里。觉得不够，又抓了几把谷子，直接撒在地上，使每只小鸟都能进食。

这时候你也到厨房找零食，我过去盯着你，说真是个漂亮娃娃，怎么有这么漂亮的娃娃呢？

你笑笑，说“you”。

从小，每次我那么问，你都这么答，意思是我生的。我听上百遍了，每次听到还是打心底温暖，得意自己生了这么个美丽的娃娃。

你一边把前天妈妈买回来的小点心排整齐，一边问我为什么只吃黑的，不吃红的。我说：“没有啊！”你则指着小点心说：“瞧！巧克力的没了，剩下的都是草莓的。”

我说：“真的啊？那我现在就吃几个红的。”但是才伸手，又收回了，我说得先去验血糖，看看能不能吃。又说：“爸爸年岁大了，不比从前。尤其你已经满十八岁，很快要去上大学，走向自己的世界，我突然放下肩上的担子，只怕容易病，所以现在得特别注意身体，尤其不能在精神上放松。”

正因此，我今年安排了比去年还忙的行程。五月要回中国台湾出版新书，七月要去马来西亚和中国大陆演讲，八月又要出版《超越自己》《创造自己》《肯定自己》的二十年纪念版。此外，九月要在国际拍卖中推出我的画作，还打算在暑假把我们编写多年的文字学出版。单单未来半年，就已经有一堆事。

我叹口气说：“人生是很累的。从生到死，好像由无尽的挑战串联起来。”我每次离开纽约回中国台北，心里都会想：

“不知做得下来做不下来？”而且从二十多年前，你还没出生，我利用每年暑假回中国台湾，和黄君璧、林玉山老师合作写《画论画法》，就有那样的感觉。

当时我还在美国大学教书，只能利用暑假短短三个月的时间回去，既要做研究，还得编写出版，时间被绑死，到时候非完成不可，可以想见压力有多大。

没想到二十年下来，每年怀疑自己是不是能完成使命，居然都完成了。尤其近十年，往中国大陆发展，三川五岳地跑，加上我有哮喘的毛病，甚至常开玩笑地说不知道自己能不能活着回来，而我居然也一次又一次地回来了。虽然其间也有几次哮喘发作，甚至今年一月在台北还被抬进医院，但现在想起来也没什么大不了的。

【刘墉经典语录】

怀才不遇的人哪！只要你秉持志节，默默充实，是不会被埋没的。求才若渴的人哪！对于那少表现的怀才者，只要你充满信心地继续照顾，总会见到他发挥的一天。不平凡的遭遇，常能造就不平凡的人。岩石间的树根，总是长得特别苍劲；沙漠里的种子，常能在偶然有水时快速萌发；极带的苔藓，可以经历长期的寒冷，而依然存活。磨刀的时候，用的常是比刀坚硬的石头；使刀用久而钝的因素，却常是一些柔软的东西。伟大的人格与抱负，需要艰苦的历练；令人消沉堕落的因素，却常是舒适环境中一些无足观的小事。

说到这儿，我对你强调“人生是不断的上升与下落”，这是尼采的话，意思是人有惰性，只要不往上追求、想办法超越自己，就可能往下沉沦。

我还说“学如逆水行舟，不进则退”。这是我最近常对你强调的，尤其为你上中文课时，更是反复叮嘱你要不断复习，前面学的不忘，才能“功不唐捐”。

只是我又叹口气，说人生真难，要做人上人更难。想想最近特别走红的美国电视剧《实习医生格蕾》（*Grey's Anatomy*）里面的那一群年轻医生，已经不知在医学院流了多少血汗，进医院做实习医生后，还得接受磨炼。

电视剧里他们都一副睡眠不足的样子，累了，躺在走廊上的空病床上就睡了；饿了，吃两口甜甜圈、喝杯咖啡，已经很满足。常常正在这头忙，紧急情况发生，又得应付另一头，搞不好，还可能被踢出医院。加上主治医生的冷言和病人的冷眼，甚至精神病患的骚扰，日子真不是人过的。

电视里演得一点也不夸张，因为开医院的王伯伯说，纽约州前两年才通过一个规定：住院医师不能超过七十二小时不睡觉。天哪！二十四小时已经不得了，居然能七十二小时不睡，实习医生的日子还是人过的吗？

所以我对你说，好多人受不了，都半途而废了，也有些人身体不够好，甚至医学院没毕业就死了，连那些熬过来的医生，平均寿命都比一般人短得多。

问题是，为什么他们还要当医生？只因为赚钱多、社会地位高？抑或因为那是理想的工作？他们只是追求超越？

这个世界就是如此，像你为了争取毕业班第一名，每天搞到三点才睡。还为了担任校刊主编，下课后留在学校，天黑才能回家。

今天中午我也跟你妈妈谈到这件事，说你小小年岁为什么要承受那么大的压力？只是当我们回顾自己的过去，也是在连串的压力下过来的，甚至可以说，压力成为一种挑战和目标。当目标达成、压力消失，往往是最快乐的时刻。

只是可能上一个目标刚要达成，压力正要解除，我们已经开始为自己找麻烦，设定下一个目标、接受下一个挑战。凡是有成就的人，都是敢于面对挑战、承受压力的。

说到这儿，我盯着你的脸问：

“你是喜欢挑战、喜欢压力，还是宁愿轻轻松松过一生？”

你没正面答，只淡淡地说你一没有压力就会生病，所以你没得选择。

我也笑了，转身离开厨房，却抬头看见外面一片密雪，在风中像纱帘一样牵过湖面。于是回头提醒你：“别忘了欣赏一下风景，零下十摄氏度，冷死了，但是也美极了！”

【刘墉经典语录】

一位政治家，回忆在监狱做政治犯的时候，常自己孵豆芽。一大把豆子，泡在杯里，居然愈被压在下面的豆子，长得愈肥。不敢面对压力，或实在无法忍受压力的时候，就采取消极的逃避，甚至向那压力去靠拢、屈服。这是多么可悲的人性啊！伟大的音乐指挥师伯恩斯坦，他曾对一群年轻的音乐家说：“你们要想成为伟大的演奏家，不仅在于你多么勤苦的练习，更要看你走上台，面对观众的强大压力时，是不是能一下子把所有的恐惧与犹豫，全摔到一边。由内心产生一种特殊的力量，一种不信你办不到的力量。那力量，使你成为大师！”

读书与梦想

中国台湾的诚品书店邀请我去做校园巡回演讲，演讲的题目是“读书最好，有梦相随”。

朋友看到，笑说有问题，因为去掉了中间的标点，好像是读书最好能接着做梦。

我说这有什么错呢？没见前两天的报纸上才登，美国有个研究，分两组人，一组上午九点钟上课，晚上九点问他们记得多少；另一组则是晚上九点上课，接着各自去睡，第二天早上九点再问他们记得多少。同样相隔十二小时，后者成绩好得多。可见读书要想效果好、记得牢，最好跟着去睡觉。

我这番话，只能供你参考，千万别书本一摆，就去见周公了。

但是我敢说那些有成就的学者，绝不是死读书的，他们很可能像大思想家罗素所说，他想不出怎么写论文，就跑出去玩，玩回来就文思泉涌。或像爱因斯坦，在他想通“相对论”的前一天，离开办公室时还对朋友说只怕一辈子都搞不懂了，结果第二天一醒就找到了答案。

更实在的例子是发现了苯环分子结构的柯库尔，他不是由梦到一条蛇咬着自己的尾巴，才得到白天百思不解的答案吗？

可见书要读，梦也要做；读书是紧，做梦是松。

许多年前，有一首很流行的歌，叫《青春不要留白》，那时我常对学生说，对！青春不能白过，但是读书不一样，我们的脑海好像个仓库，不会管理的人，只知把东西堆进去，塞到连转身都不方便；会管理的人则知道分门别类，把容易坏的常拿出来检查，不堪用的扔掉。因此，仓库里有条不紊，不但进出货方便，空出来的地方说不定还能摆张乒乓球桌呢！

所以脑仓库的管理一定要留白，只知道博学强记，不断往脑里塞东西的人，在今天是不容易成功的。

我强调“今天”。因为这是个知识爆炸的网络时代。最能成功的人不再是只知死记硬背，而是知道活学活用、怎么找资料、整理资料、利用资料的人。

今天也是个更要融会贯通的时代，你不仅要对自己专业的知识有专精，而且要把这专精与整个世界连线，今天你的视野要扩大，如同一个设计师，走进一栋要重新设计的房子时，他在脑海里先得把所有的隔间拆掉，使自己的创意能发挥。今天的医生，可以在美国做断层扫描，传输给印度的技术人员分析，隔天在美国给病人看报告。今天的企业主管，必须用整个地球思考，他可以在东半球构思、西半球制图、北半球打磨、南半球制造，全世界行销。

其实何止“今天”如此，想想，孔子、柏拉图、亚里士多德，在他们那个时代，才有几本书好看？“汗牛充栋”的书简，加起来只怕不过一片光碟的内容。问题是，他们为什么能成为那样伟大的思想家？

因为他们既懂得“思而不学则殆”，更懂得“学而不思则罔”。于是在脑海里留下空间——思想的空间、梦想的空间、玄想的空间、完成理想的空间。他们在读几十本书之后，很可能就创作出一本自己的作品，而且超越他读的那几十本书。

相对地，却有不计其数的学者，焚膏继晷、皓首穷经，学问塞满一肚子，好像乱堆的仓库，该用的时候找不到，碰到问题不能解决；说得出一番大道理，却毫无自己的创意。如果把书当作人生旅程的行囊，那些“死书”非但没能帮助他走得远，看得多，反而成为累赘，压得他没见到多少人生的风景。

【刘墉经典语录】

小时候读到的一本书，听到的几句话，如果你好好想想，可能支撑你一辈子，甚至到老都呼唤你“站起来，再出发”。每个人都有不同的气质与风格，不需去模仿别人，也不必去从事模仿，因为唯有独立的气质才能成为特殊的风格，也唯有独立的风格才能造成伟大的作品。

我写过一篇文章——《摇一摇，沉淀的爱情》，意思是许多人在一起久了，爱情都沉了底，上面淡如白水，必须找机会摇一摇，使上面的白水与底下“爱情的果粒”重新融合。

现在，我要说“摇一摇，沉淀的学问”。当你发现书已经读死了，记不住了、想不开了，就暂时把书放下，看看外面的绿树蓝天，让思想驰骋，让理想飞扬，想想，那书里有多少东西，可以给你启发。而且你可以由读这本书，想到读那本书，把相关的东西串起来。这样，书才能成为活的，成为你生活的一部分。它不但让你用来应付老师的考卷，更能应付人生的考试！

于是，你成为真正的爱书人，书为你实现梦想、打开心窗。

所以我说：读书最好，有梦相随！

· 第六章 ·

谈成长

把该属于孩子的地盘交给他，像雄狮一样，把长大的幼狮赶出去，逼他走向自己的世界。

用他的价值观衡量，用他的方式生活，用他的方式成功，也用他的方式失败。

这就是成长。

每一个人，在成长的过程中，都要学着去了解、去体会、去认知复杂的人性。

成长是一种美丽的疼，在这个过程中我们享受着爱与被爱的欢愉，享受着世间的真、善、美带给我们心灵的滋养。同时我们也得面临种种复杂的人性，甚至是假、丑、恶的侵袭。

辨别了，选择了，经历了……于是，我们慢慢走向成熟。

一生难忘的日子

今天是我们全家一生难忘的日子。

因为我和你妈妈从纽约过来，你哥哥从中国台北赶来，你从伦敦飞来，全家四口居然在贵阳相聚，而且进入贵州的山区，来到了孙琴珍的家。

当我们下车，看到琴珍远远地气喘吁吁地跑来，妈妈张开双臂，琴珍就扑在妈妈的怀里痛哭。妈妈哭着问她："你想不想我们？"

她说"想"，哭得更大声了。琴珍又长高了些，脸色通红。原来她不确定我们会先去她家，还是先去"帆轩四小"。

于是一上午在家与学校之间来回跑了三趟。天啊！那都是山路，而且多远啊！但是她一点也不嫌累，急着拉你的手去她家。

她家离我们下车处还有段距离，先要走过满是牛粪的山路、过一条小河，再侧着身，避过山边的树木，走过窄窄的田边小径，然后爬坡才到得了。

琴珍的爸爸妈妈也跑到外面迎接我们。那黑黑瘦瘦的妇人拉着你妈妈的手，一路说，说出让我们更惊讶的事。

原来她不是琴珍的生母，而是琴珍的姑姑。琴珍出生后，因为是女孩子，家里又穷，外公把她放在竹篮里，要提到山边扔掉。走到半路，被琴珍的姑姑看见，拦下来，带回家养大。

我们还听说，自从琴珍去年到北京治好眼睛，上了新闻，她的生父就来找她，还给她一个大红包，但是琴珍拒收，也不愿跟生父回去。

可不是嘛！中国有句俗语说得好——“生的请一边，养的恩情大过天。”意思是“生而未养的请站到一边去，那养母养父的恩情才真正比天大”。琴珍的姑姑和姑父多伟大啊！他们早年连自己孩子都养得辛苦了，但为了救一命，硬是咬着牙，把琴珍接过去养大。

【刘墉经典语录】

圣诞老人的可爱，不在于他只到我们家，送你最好的礼物，更在于这世界上处处都有圣诞老人，把他们的爱带到每个角落。弗洛姆在《爱的艺术》这本书里说：“不成熟的爱，所遵循的原则是‘因为我被别人爱，所以我爱别人’。成熟的爱，所遵循的原则是‘因为我爱别人，所以我被别人爱’。”听起来似乎没有什么不同，其实当中差距很大。我们往往只要求别人给予我们什么，却不想自己给了别人多少。真正的快乐不一定是获得，所以基督教有一句话：“施比受有福。”

想想，琴珍的命真苦！早年被生父母弃养，甚至差点被扔掉。后来又得眼疾，几乎双目失明。

但是再想想，她又有多幸运啊！就在那紧要关头，被姑姑撞上，救了她的命。又那么巧，在我去“帆轩四小”访问时，注意到她泛白的双瞳，先请当地的朋友带去贵阳眼科医院检查，再把报告送到北京的协和及同仁医院，终于得到同仁医院愿意一试的好消息，于是把她接去北京，挽回了一只将失明的眼睛。

这前前后后两年，贵阳西西弗书店的高阿姨、贵州大学的毛教授夫妇、北京的曲阿姨和纽约燃灯助学基金会的张阿姨，还有好多贵州当地的朋友都帮了忙，甚至有美国去的医生亲自到学校为她检查。

还有，你这个好像“事事不关心”的大小姐，在知道之后，居然主动表示要去北京陪她看病。你们去年那段住在旅馆同一个房间的日子，不也被你津津乐道吗？

你惊讶她居然到医院不会上升降梯、去上厕所不会用冷热水，刚到北京的日子，也不管天气冷热，坚持把所有的衣服都穿在身上，而且当一只眼睛复明后，彻夜盯着电视。

尤其忘不了的是，她还失明的时候，总坐在床边听你练小提琴，还要求摸摸那“神奇的乐器”，又说多么希望有一天她的同学也能听到小提琴的声音。

当时你想都没想，就说：“好哇！我去演奏给你的同学听。”

就这样，你今天下午实现诺言，站在了“帆轩四小”的校园里。先对着几十位小朋友介绍小提琴的各部分，再演奏两首曲子。

孩子！你知道吗？过去半年间，你和哥哥合作那首《在灵魂居住的地方》，恐怕演奏上百次了。最近又到各地在我演讲前，先登台当着几千观众演出。

但是就在今天，在那几十位小学生面前，你奏出我听过的最感人的音符。因为那洋溢着你的激情、你的爱，以及你对他们的关怀。

没错！有好多朋友笑说天下可怜人太多了，我们能帮得了几个？为孙琴珍这么个贵州山里的小朋友，我们一家去，机票加上旅馆住宿费，得花多少钱？

当时我的答复是，我们一家的力量确实有限，但是大家怎么不想想，如果我们每个人都能帮助自己见到的需要帮助的人，一个帮一个，甚至一家帮一个，他们中的大部分不是就能获得照顾了吗？

我们全家这次的贵州之行，多么值得啊！你信守了诺言，满足了琴珍天真的心灵，与好多山区小朋友分享了音乐。而且我们全家都得到心灵的震撼与洗礼。

对！这是洗礼。

我们这些总在繁华中生活的人，因为孙琴珍，打开一扇门，看见另一个世界，而且在生命中留下永难忘怀的美好记忆。

【刘墉经典语录】

人性有个基本的表现，不是被爱得愈多的人，愈懂得去爱，反而是愈去爱的人，愈懂得什么叫爱！也可以说：愈是奉献给对方，愈会加深地去爱对方。当我们助人的时候，常在无形中也帮助了自己。

那些跳动的人影

“阳光亮得让人张不开眼，感觉有好多人影在旁边跳。”

当我问你对这次宁夏之行的印象时，你这么形容。

确实是，因为宁夏属于干燥的沙漠气候，树少，光线的反射强，我们去的日子又多半是大晴天，常常阳光耀眼，使你睁不开眼。

至于那些跳动的身影，则是招待我们的朋友。

虽然他们多半是残疾人，行动不方便，却坚持陪我们去看“西夏王陵”。他们拄着拐，在前面带路，烈日下，一步一拐的动作，就成为我们记忆中一跳一跳的印象。

经过近一个月的“公益之旅”，回到纽约，我们都认为最感动的一站是宁夏。

才下飞机，看到迎接的那一幕，就令我们感动。

感动的不是一把又一把的鲜花和长长的欢迎彩条，而是那些走不稳、看不见的朋友，他们手牵手连成一线，迎接我们的到来。

宁夏，多么遥远的名字啊！

从上次我到中国大陆，就听到这个名字。盲文出版社的朋友说宁夏方面一直要求，希望我能增加银川一站。连我到南边的昆明时，都接到他们的电话。

但我的行程实在太满了，原本连这一次去，也没办法安排。直到听说那里的活动全由残疾朋友主办，才临时决定延迟回美，全家从北京再飞往银川。

也幸亏有这决定，才让我们没有错失那一生难忘的经历。

【刘墉经典语录】

小和尚坐在地上哭，满地都是写了字的废纸。“怎么啦？”老和尚问。“写不好。”老和尚捡起几张看：“写得不错嘛，为什么要扔掉？为什么哭？”

“我就是觉得不好。”小和尚继续哭，“我是完美主义者，不允许出一点错。”

“问题是，这世界上有谁能一点错都不出呢？”老和尚拍拍小和尚，“你什么都要完美，一点不满意，就生气、就哭，这反而是不完美了。”

虽然残疾人行动不便，但他们办事太有效率了。我们演出的前一天，全市都挂出跨街的红色彩条，电视和报纸都做了专访，还办了座谈。两场演讲非但有一般民众买票来听，还找了厂商赞助。

剩下的时间也安排得很丰富，看“西夏王陵”和“大清真寺”，他们找了专人解说；上清真餐馆，他们安排了特别节目。在伊斯兰教的音乐中为我戴上小帽，一家人坐在长榻上合影。

最令人感动的是第二场演讲之后，残疾团体负责人王结先生邀请我们去他的医院推拿，虽然被我婉拒，可是我们才回旅馆，就看见外面来了好多人，一手搭着彼此的肩膀，另一手拿着木盆、药包，排成一列走进来。

原来他们都是盲人，带来泡脚的材料，坚持为我们服务。

实在盛情难却，妈妈和杨阿姨在外面由盲人朋友做脚底按摩，我则在里屋由王结先生推拿。

在交谈中我知道王叔叔是因为视网膜剥离，没能及时就医造成失明，但是他残而不废，非但完成了高等的学业，而且成立盲人学校、附设医院，既造福了盲人，又服务了社会。

相比起来，你妈妈就幸运太多了，二十五岁时，她也因为视网膜剥离住院，虽然躺了近一个月，但是拜手术之赐，恢复了视力。后来她另一只眼有剥离的可能，又用激光做了及时的治疗。

但在同时，应该说比你妈妈还晚许多年，宁夏的王叔叔因为身在偏远的乡村，竟留下终身的遗憾。

知道了王叔叔的故事，更坚定了我们为盲人尽一份力的决心。也愈觉得这次从北京赶到宁夏，是格外有意义的事。

走的那天，是另一位残疾朋友开车。虽然他的双腿不良于行，但是车子经过特别改装，开得顺手极了。一路上，他谈到他的学业、事业、家庭、子女，脸上满是幸福与自信，笑得像是车外灿烂的阳光。

可不是吗？如同我以前在文章里写的——

如果这世上的人都没有腿，没腿就不是残疾。如果这世上每个人都有前后四只眼睛，只有前面两眼的人就要自认为残疾。残疾的感觉是比较出来的。当我们以平常心对待残疾朋友；当他们能发挥所长，不但照顾自己，还能服务社会的时候，残疾的伤感就会被遗忘。

多可爱的经验啊！这回宁夏之旅，让我们跟他们打成一片，没有差异、没有隔阂，只有一个共同的愿望——与残疾朋友共创美好的未来！

【刘墉经典语录】

对我们最好的方法，就是不要用特别的眼光看我们。眼睛掠过我们可怕的脸上，只当看个普通人。不要问，也不要叹气！否则，只会让我们孤独、感伤。他们何必自卑？每人头上一片天，父母是依靠，但更重要的是：年轻一代得面对自己的未来。

你是同性恋吗

最近我去看了李安的《断背山》。

片子描写两个牧羊的大男生，因为在山上苦闷寂寞，日久生情，酒后其中一个男生主动示爱，产生了同性恋。

从此，两人虽然各自成家，但是每隔一段时间就会相约出游、共续前缘。最后一人离了婚，另一人留貌美的妻子在家，竟出去找男妓，又外遇出轨、意外身亡。

在观影过程中，有观众连衣服都来不及穿好，就落荒而逃。但是绝大多数的人一直看到结尾，还有人流下眼泪。

或许这正反映了社会对同性恋的看法吧！有人排斥，有人接纳，有人同情，有人以平常心对待。走出电影院，我脑海里挥之不去的，则是剧中的两段——

第一次激情过后，其中一人说："我不是同志。"另一人回答："我也不是同志。"

十几年后，当初主动的男生责难那离了婚的，为什么不能重新结合。后者怨恨地说："我本来不是这样的，都因为你，我落得如此下场，一事无成……"

这应该是《断背山》最引人深思的地方。它让我们反省，如果那两个大男孩不是因为天寒，挤在同一个小帐篷，又不是因为都喝了酒，甚至如果其中一人不主动，就什么事也不会发生。

于是两个人都纯粹是异性恋者，都结婚、爱孩子、爱妻子、爱家，快快乐乐过一生。

可不是吗？"发生关系"之前，其中一人早已订婚，只是"经过了，就不同了"，因为尝试了同性的性行为，燃起了内心隐藏的火种，两个人都终其一生，发觉同性的感觉更美好。

也因此造成悲剧。

【刘墉经典语录】

格局是在自信中不否定别人，是一种谅解与包容。

格局不是“藏于己”，而是“分与人”。格局是愈得意，愈无私。你必须从年轻的时候，就学着去关怀、去谅解、去帮助，并欣赏每一种文化、每一样食物、每一个种族！于是，你不再狭隘、不再偏心、不再小气。

据心理学家研究，每个人与生俱来都有爱恋同性的情愫，尤其青少年，女孩常欣赏男性化的女生；男孩又对带女孩气的男生特别有好感。

大部分的人在长大之后，都会回到异性恋，但是也有少部分，就像《断背山》里的两位主角，对同性恋念念不忘；又有些人一生都只对同性感兴趣，不能接纳异性。

过去即使米开朗琪罗和柴可夫斯基是同性恋者，在社会的压力下，也不能不隐藏。直到时代进步，人们的观念愈来愈开放，“同志”才出柜。

我从不歧视“同志”，甚至写过文章，说同性恋的男性，兼具男人的强壮与女人的细腻，往往在艺术上的表现更杰出。连许多女人都说，同性恋的男人常能做女人的好朋友，因为他们使女人不觉得有压力，又能从男人的角度，提出许多客观的建议。

女同志如果终身不养孩子，常能全力献身工作，开创一番事业；男同志更有个优点，是他们没有女性的“更年期”，能把女性年轻的浪漫延伸到七八十岁，产生另一种成熟与婉约。而且两个男人结合的力量，再加上没有家庭负累，特别令人刮目相看。

【刘墉经典语录】

现实不可能因为我们的逃避而消失，更不可能随着我们的凝滞而停止。像鸵鸟一样把头埋在沙里，只可能制造更多被捕的机会。所以对现实，我们只有一条路，就是坦然面对。在我们生命中，常常要面对残酷的选择，在那一瞬间，你只能选择一个，不能两边都选；两害相权取其轻，你必须用理智克服感情，才能存活下来。

只是从另外一个角度，我也不得不说，同性恋违反了生物进化的原则。

想想，如果人人都是同志，人类不是很快就绝种了吗？而且由于发生同性恋的时间往往在青少年期，当其中一人成年之后回到异性恋，另一人不愿意，则造成失恋的悲剧。进一步想，如同《断背山》让我们省思的，假使没有机会“跨过红线”，那两个人、两个家，还有一群孩子和亲友，会不会更能快快乐乐过一生？

所以在这儿我要对年轻朋友说：

当你到了青春期，正寻找人生定位的时候，如果发现同性对你示好，而且你愈来愈离不开对方。要想想，你们是不是会走上那条路？抑或可以守住分寸，一辈子做意气相投的弟兄与知心的手帕交？

我在十七年前给儿子写的书里说过，我初中时曾经遇到一位温文儒雅的男士，请我吃冰，还买书送我，但是他表现得愈来愈奇怪，有一天居然做出异常的举动，使我不得不回避。

我以前的一位男同事也说，他二十多岁时，某口在新公园附近的布告栏看报，有个男人将手背在背后，摇着一串钥匙，不断向他靠近，用钥匙去碰触他的下体，看他的反应。

我那同事笑道，如果他当时有了性反应，或没有避开，那男人一定会采取下一步。又说："不过想想，还真有意思，真有点好奇，想试试呢！"

今天看了《断背山》，我立刻在心里问："如果他试了，会不会也从此改变一生？"

写了这么多，我是希望告诉年轻朋友，尤其那些正在为人生定位的小男生、小女生：你们可以有自己的性取向、自己的抉择，但是请小心选择，更不能莫名其妙被别人牵着走，迷失了自己。

最后，我要再一次强调：在民主社会，多数应该尊重少数，如果你站在“那条线”前面，成年了、深思了、决定了，或从内心有那样不同的呐喊。你或许跟我不同，但我尊重你、祝福你，请用你的特质贡献这个世界！

【刘墉经典语录】

“取”是一种本事，“舍”更是一门哲学。没有能力的人，取不足；没有通悟的人，舍不得。人初生时，只知取。除了取得生命，更要取得食物，以求成长；取得知识，以求内涵。既然成长，则有取有舍，或取熊掌而舍鱼；或取利禄而舍悠闲；或取权位而舍性命。至于老来，则愈要懂得舍，仿佛登山履危，行舟遇险时，先得将不必要的行李抛弃；仍然嫌重时，次要的东西便得舍出；再有险境，则除了自身之外，一物也留不得。所以人到此时，绝对是舍多于取。不知舍，不服老的人，常最先落水坠崖，把老本也赔了进去。

黑堡的疼痛
——给弗吉尼亚州布莱克斯堡的朋友

一九七八年三月初。

车子驶入黑堡（Blacksburg，又名布莱克斯堡），小城正下着细雪，番红花已经钻出地面，连翘也露出黄色的花苞，缅街旁依然是一片又一片、一层又一层的寒林，有淡雾牵过，雾里有红，应该是糖枫嫩芽的晕染。

近百年的大学，在寒林另一侧，砂岩和花岗岩的古老建筑立在嫩绿的草坪上。黑堡，初见你，我有惊也有喜，因为你是我来美见到的第二个城市，也是我开课和画展的第一个地方。从这里，我出发，在新大陆的土地上开始生根。

到达的第二天，我就在大学演讲。只记得那晚很冷，但无风无雪，校园里暗暗的，许多人影匆匆走向一处灯火辉煌的建筑，据说当晚《六十分钟》节目的主持人将莅校。学生全拥了去，相比之下，我的中国绘画讲座就显得冷清，来的多半是中老年人，还有当地华人社团捧场的成员。我忘了当天的讲题，只记得那是我有生以来第一场英文演讲，一边放幻灯，一边用我破得不能再破的英语解说。但是掌声很响，主办的蒋宁熙教授事后说，人虽不多，听起来却像满场。好些人还在结束后特别跑到台前与我握手致谢，用一堆形容词赞美我。

黑堡！你真是弗吉尼亚州具有古典英国风、充满人情味儿与学术气息的小城。我至今感谢在那个寒夜，你们给我的温暖，使我这个初到地球另一边的异乡人，能鼓起勇气走下去。只是我要问：

你们现在还好吗？

【刘墉经典语录】

生命竟是如此卑微，卑微得只是日升日落、缘起缘灭之间，一个可有可无的存在。生命也是可轻可重的，“轻”在人皆有死，“重”在我正生，而且要生存下去，把该属于我的生命好好活完。

隔天《黑堡太阳报》（*The Blacksburg Sun*）的记者就来访问我。这位三十多岁的女人，一边说话一边擦眼泪，还不断向我解释因为春天敏感忘了吃药。

辛蒂·康特（Cindy Conte）小姐！因为留有剪报，我记得你的名字。你知道吗？当时我很不懂，你的敏感跟哭有什么关系。直到后来自己得了花粉热（Hay Fever），才“亲身体会”。辛蒂，你知道吗？而今每次我春天有敏感，涕泪纵横时，都会想到你。

辛蒂！你好吗？你的孩子好吗？

住在蒋教授家，卧室窗外对着一片牧场，据说是理工大学的。养了好多绵羊，在绿绿的草地上只见一团团白白圆圆的身躯。低着头，整天吃。我发现羊群里有只带头的，会对每只羊凶。我也发现绵羊其实有着很严肃的眼睛，可以与我对望，毫不示弱。我为它们拍了许多照片，至今还保存在相簿中，每次翻阅，就回到那个窗边，甚至嗅到它们的味道。

蒋教授夫妇都在大学工作，早上留我一人在家，中午自己用微波炉热食。三十年前，初有微波炉，我就能天天使用，至今成为我津津乐道的事。蒋教授夫妇也教我英文，一边听那晚的演讲录音，一边纠正我的词句。我记得最清楚的是“舞台布景”那个词，演讲时我吞吐了半天都形容不出，原来是stageset。

每天下午，蒋夫人都特别开车回来接我去学校授课。已认不清是在哪栋建筑，只记得十几个学生，有学校里年轻的孩子，也有四五十岁的中年人。

其中一个黑人学生开玩笑说：“你知道我当时申请来黑堡，心想这里一定全是黑人，来了才发现多半是白人。”又笑说：“要有我们黑的，才叫黑堡。”

而今算算，这黑人学生应该有五十岁了，早已进入中年，也必定成家、有了孩子。

你还在黑堡吗？你的孩子会在这大学念书吗？你让我想到那个叫瑞安·克拉克（Ryan Clark）的宿舍管理人，心理系的博士生，听到争执时出面制止，然后倒在血泊中。

我也想到来上课的中年人，会不会有那位纳粹集中营幸存的老教授？李布瑞斯库（Liviu Librescu），为什么你的脸孔那么熟？为什么这几天我的脑海总浮现起你拼命顶着门，叫学生快点跳窗逃跑的画面？你们犹太人跟华人最亲近了，爱吃中餐、爱中国文化，甚至爱娶中国媳妇，二战时还有好多千里迢迢到中国，许多人就这样落地生根。

对不起！我谈到族群了。但是而今怎能不想到族群？血案发生后，先听说那是华人，在上海拿的签证，又在电视上看到警察把一个亚洲人压在地上。虽然后来知道是韩裔，但是韩国人、日本人、华人，在外表上，甚至血源上，有什么大不同呢？

听说事情发生后，韩国政府当作国家重大危机处理，连Rain的演出计划都做了更动，许多韩国社区，甚至中国社区都对民众提出警示。直到新闻说有些亚洲人非但没被敌视，还收到白人慰问的鲜花和卡片，表示："你们受到的伤害更大。……这不是人种的错，是个人的错。"才让我稍稍放心。

其实我早看出黑堡是个宽容的城市。否则当年不会请我这个还嫌嫩的画家在学校教课，黑堡美术馆也犯不着开那么大的欢迎派对。记得有一天下午，美术馆的十几位义工请我饮茶，欣赏大户人家后园的牡丹。我真不好意思说，那是我这辈子第二次见到牡丹，何况是主人特别由中国引进，洛阳名品"魏紫"和"金系腰"了。

桃乐丝，你好吗？你是我唯一记得名字的学生，因为有天中午你在家请我吃饭。你丈夫死了，一个人住，小小的房子挺雅致。记得你端出汤时，很不好意思地不断对我说抱歉，那是你用汤粉冲出来的。我当时不懂，只觉得很好吃。后来自己在美过日子，才知道你说的是“速食汤”。

但是桃乐丝，你相信吗？你当天的那碗汤，是我这生中觉得最美味的洋菇浓汤。或许因为你不好意思的表情吧！也或许因为我初到美国！我至今记得你，你的小屋、你的餐桌、你的汤和你腼腆的笑。

你如果还在，应该有九十了。记得你买过我一张小画，还在吗？挂在什么地方？会不会传给了儿孙？他们都好吗？如果他们在维州理工大学教书或念书，希望那天不会正好在诺里斯大楼。这又让我想起普林特画廊。

罗勃特·米勒（Robert Miller）夫妇，当时你们的画廊新开，是蒋教授介绍我在你们画廊举行个展。大概因为我在理工大学教课，大家对中国水墨有了进一步的认识，所以画几乎卖光。连我离开黑堡之后，你们都要我寄作品去，又办了一次展览。我必须谢谢你们，成为我申请艺术家移民的支持者，在我的表格上签名，甚至填上你们画廊的年收入。这是多么的信任、多么的担当？只因为两次展览、一面之缘。

米勒夫妇，你们的画廊还在吗？扩张得很大了吧！前天我与蒋教授通电话，还说要再去开展览。只是真惭愧，虽然我总念着，甚至总吃着蒋教授寄来的黑堡名产“弗吉尼亚火腿”，我却自从那年五月离开，就不曾再回去。

但是三十年来，我的梦里常有黑堡。梦见理工大学的校园、农场、教堂、教室。梦见我生命中第一次见到的榲桲和辛夷。梦见离开时山茱萸正盛开，在整片绿得醉眼的密林中，那十字架样的白花、红花，好像要跳上高速公路。

枪响时，校园的树梢已经绿了，在电视上我看见春雪，看见辛夷，看见熟悉的建筑。看到树上绑着橘色气球和栗色布条，那是弗吉尼亚理工大学（Virginia Tech）的象征。我还看见在风中颤抖的黄色丝带，看见暗夜校园中三千盏烛光间默哀、捂脸、拥抱、低泣的面孔。你们都可能是我的朋友、我的学生、旧识或他们的儿孙。当你们在办公室、在家，听说校园的噩耗时，如同我在电视上看见紧急特报时，会有何等惊恸？而我，怎么能跟你们相比？你们在现场、在黑堡，你们的亲人可能早上才飞吻上车，中午已经永远离开这个世界，三十三个原本幸福的家庭一下子破碎了。失去亲人的你们，要用怎样的蜷曲、怎样哭到极处的呜咽、怎样的顿足捶胸、怎样漫长的岁月，去抚平那永难平复的伤痛……

生命很沉、爱很疼，在这仲春，我与你们一起哀悼四月十六的春寒。

那一日校园里飘着细雪，如同我去的第一天。

那天的黑堡也像三十年前，我记忆中一样宁静。只是有个叫赵承熙的学生发了疯，枪响、枪响、枪响、枪响、枪响……

【刘墉经典语录】

当我们幼年时，受不了些许伤害，来得疾，也去得快，极重的伤害，仿佛一下子就能消失。而当我们年长，对什么都变得迟钝，虽是那不经意间给予我们的打击，却要许久才能康复，且依然在天阴雨湿或夜深人静的时刻，带给我们身体与心灵上的隐隐作痛。

穷学生，向前站！

昨天你听说有人进了哥伦比亚大学旁边的巴纳女子学院（Barnard College），立刻打电话给你的好朋友克莱尔，问她进了没有？

克莱尔居然还不知道已经发榜，立刻打开计算机找，还叫你别挂电话，好分享她的好消息。

你在电话这头屏息等待，一直没声音，接着传来了哭泣……

“克莱尔平均九十五分，她那么用功，又参加许多校外的比赛，她怎么可能没进？那进了的人一点也不比克莱尔强，真是太不公平了！”

我在楼下就听见你跟妈妈抱怨，抱怨那些名校入学条件的不公平。

确实，听说好多人明明不怎么样，但进了名校；又有好多人，杰出极了，却没被录取。还听说皇后区有一所重点高中，学校里叫前十名都去申请某大，唯独第九名进去了，其余的全部落榜。

真弄不清这些名校到底怎么评选——有些人进了耶鲁，却被哥大打回票；有些人哥大都进了，却被排名远在十几名之外的学校拒绝，原因是条件太好，后者知道申请的学生只是当“安全学校（Safe School）”作为“垫背”，为了不影响全国评鉴的排名，所以不收。（按：美国大学评鉴，其中包括报到率，录取的学生不到，会影响学校得分。）

话说回来，你们这些成绩特优，一心想进名校的学生，会申请几个“垫背”的学校，不也正因为“人人有信心，个个没把握”吗？

你们可能因为是亚裔，尤其华裔，申请书打开来，先被扣几分。理由是亚裔都太拼了，在大学里的比例已经太高。也可能因为只是功课好，没有课外表现。有了课外表现，又看来像是学校和家长“做”出来的，而不列入记录。

还可能因为同一地区，已经收了好几个，甚至只是一个，就不再多收。

甚至有人猜，前一年某名校收了，但那学生没去，去了别的学校，那名校就火大，下一年就不再收同一学校的学生。

当然这些都是道听途说，没有人敢肯定。唯一肯定的是，许多名校对贫穷地区和非洲裔的学生特别照顾，就算成绩差些，也以他们为优先。

【刘墉经典语录】

在上面的人让出路来，给下面的人一些机会，也是一种公平。“爱”没有差异，每个人都能百分之百地爱，或百分之百地忠诚；但是“待”有差异，这世界上就有些人“比你多那么一点点”。

对这现象，你应该谅解，因为这是个多元文化的国家，大学里也要求“多元”。

记不记得前几天，我在晚餐时对你说，中国古代的科举制度很好，即使一个在穷乡僻壤，毫无关系的人，只要通过科举考试，就能一下子进京当官。

虽然他们没见过世面，突然飞上枝头，可能闹笑话，但因为他们来自基层，当官之后，能够减少城乡差距，把民间的疾苦“上达”。

没有看见，不比较，你永远不会知道。

从进化的角度看，也是如此，我最近才在“进化论”的文章里读到，许多王室因为近亲通婚，愈来愈弱，甚至那些王朝都因此垮掉。正因此，非洲有些部落，把敌军的将领俘虏之后，会先将自己的女人送给那将领，直到怀孕，才把那俘虏杀掉。

这么说，或许你还不太懂，再说个故事给你听吧：

听说在长岛有个哈佛毕业的老太太特别有权威，你知道这是为什么吗？

因为当她年轻的时候，为申请哈佛的学生做口试官。

有一天，来了个穿着邋遢的黑人男生。

她问那男生为什么申请哈佛。

男生说，他住在很贫穷落后的地区，申请大学的时候，他完全没有概念，只听说有个哈佛大学，就填了。

男生的成绩不差，但也没好到哪儿去，比一般好学校的白人差远了。

但是录取名单公布，那黑人男生居然被录取。而且因为他穷，哈佛给全额助学金。

多年之后，那黑人成为非常成功的财经专家，为了感谢母校，更为了感谢这改变他一生的“伯乐”，他捐了一笔惊人的巨款给哈佛，并以那位口试官的名字作为奖学金的名称。

听完这个故事，想想，如果今天某名校没录取你们，却录取了一些莫名其妙的、贫穷的、来自落后国家地区，或有特殊遭遇的难民时，你能怨那学校瞎了眼吗？

说这些给你听，也许会增加你的不安。

我只是希望你能了解，也能谅解，在“上面”的人让出路来，给下面人一些机会，也是一种公平。

一个多元文化的国家，必须让每个人都有机会出头，才能让不同的文化、思想、族群、宗教与价值观，相互融合、彼此尊重，激发出更多的火花。

也只有这样的文化，才能充满活力，不致像古代的许多王室，富贵的永远富贵，最后落败颓废……

【刘墉经典语录】

谁是天生就该为大的呢？谁天生就该是贵族呢？每

个人在自己眼中都该为大！每个人在父母眼中，都该是王子、公主。没有人真正地对，也没有人绝对地错。如果说错，错的是那个身处的环境，而环境是难以改变的。每个进化都可能经由腐化而达成。旧的不腐，新的怎么生？

妈妈我爱你

昨天半夜，你哥哥打电话回家。妈妈接起电话，哥哥才说了一句“妈妈我爱你”就在那头哭了。

妈妈吓一跳，急着问发生了什么事。

哥哥说他没事，是他哈佛同学理查出了事——

昨天，去台北玩的理查才回旅馆，就接到佛罗里达的长途电话，说他妈妈因为心脏病猝死。

哥哥说理查一下子怔住了，坐在床边，呆呆地看着前方，一句话也不说，只见眼泪止不住地滚下来。

哥哥赶紧为他改机票、订位子，明天一大早还得送理查去机场。

从台北看，佛罗里达正在地球的另一边，而另一边理查亲爱的妈妈已经冷冰冰地，等不及看儿子最后一眼，也没让儿子看最后一眼，就离开了这个世界。因为是心脏病突发，只怕死时连半个亲人都不在身边。

更令人伤恸的是，理查的父母很早就离婚了，理查是跟他妈妈相依为命地长大。

可想而知，他们母子有多亲；也可想而知，当理查进入哈佛大学时，他的妈妈有多欣慰；还可想而知，理查的妈妈为了供儿子读哈佛，得多么辛苦地工作。

但是理查哈佛毕业了，没回佛罗里达，没回他妈妈身边，为了工作、也为了理想，他去了别的城市，而且一去就是十年。

我不知这十年间，理查回过几次家，看过多少次妈妈。只知道从我们自己家想，你哥哥研究所毕业之后就去了台北，上一次见到妈妈，已经是一年多前。

怪不得哥哥在电话那头哭，说他有个最大的梦魇，就是有一天，突然接到地球另一边的电话，告诉他亲人的噩耗。

【刘墉经典语录】

是不是因为孩子年轻，我们就应该让他走出去，找他所想找的，让他们自己去发现；而不是没等他找，就把盖子打开说："来！这就是你要找的东西。"一个贴笺画着一个十二三岁的大男孩，背着一个比他稍小的，仿佛受伤或重病的男孩子，站在雪地中。旁边印着一行小字：He isn't heavy，father，he's my brother！（他不重，神父，他是我的兄弟！）

理查母亲的死，再一次吓到你哥哥，所以哥哥哭了，急着说出他深藏心底许久都不好意思说的"妈妈我爱你"，并且决定下个月回美国，陪我们一起去迪士尼乐园度假。

哥哥小时候，跟我们去过四次迪士尼乐园，可以想见，这次去会勾起许多美好的回忆。只是那回忆愈美好，唤起的亲情愈浓，就愈不舍，愈难别离。而从迪士尼乐园回来没几天，哥哥为了工作，又得坐上飞机，横过北美和太平洋。

也可以想见，我们全家去迪士尼乐园，会有多么快乐。如你所说，这是你上大学之前，再一次重温儿时的美梦，最后一次做娃娃，然后，你就要告别娃娃的岁月、告别父母、告别生长了十八年的温暖的家，走向成年、走向大学，也走向外面的世界。

于是，可能跟你哥哥一样，你翅膀硬了、飞了，而且一飞就是千万里。起初还有空就往家跑，渐渐只有逢年过节回来，再隔几年，眼界愈宽、理想愈大、目标愈远，你也愈走愈远，远得一两年才能回来一趟。

说不定，直到有一天，突然接到个电话，才匆匆忙忙地往家里赶，却像理查一样，赶上个冷冰冰的尸体，只能在棺盖掀起时，见上最后一面。

【刘墉经典语录】

邻居小女孩，抱着一只浑身稀泥的小狗，弄得满脸都是泥浆。我问她："你不觉得它太脏了吗？"

"什么？"小女孩瞪着眼睛尖声叫起来，"它是我的狗！"

当记者问她（一位白发母亲）后不后悔养下这么一个痴呆儿，误了自己半生的幸福时，那母亲毫不犹豫地抬起泪脸："我不觉得苦！她是我的孩子！"她是我的！她是我的！她是我的！他们都没说出下面那个最重要的字——爱！

孩子，每想到此，我们就多么矛盾哪！既希望你能飞得高、飞得远，又盼望总能见到你的影子。

既希望你常在身边，又怕羁绊了你的脚步。

正因此，我很羡慕你外公、外婆，他们每天一大早就能见到自己的女儿。我也很羡慕你，每天放学，从坐上妈妈的车，就开始絮絮叨叨地跟妈妈谈心。

我还总是悔恨，你奶奶在世最后几年，没能多跟她聊聊，就算她听不见，而且不断重复说过的东西，但是能坐在她身边，靠靠她、贴贴她，也是好的。

再过不久，就是母亲节了，我更羡慕你和妈妈，都能戴上红色康乃馨，而我，已经在七年前就戴上白花，而且再也不可能有换红花的机会。

孩子！好好把握你还在家的这几个月吧！帮妈妈做家事、跟妈妈学烹饪、对爸爸说说你的抱负……也让我和你妈妈好好盯着你的脸、握住你的手、摸着你的发、抓紧你的衣角吧！

然后你将飞翔，在我们双手的捧托下振翼、腾空，回头再回头、不舍再不舍，终于一扭头，直上云霄……

【刘墉经典语录】

爱是那么抽象，当你在不知不觉中付出时，它是爱；当你想计算那爱的分量时，它就不再是爱。所以当人们责难对方没有付出相等的爱时，自己的爱已经变了质。何况——爱是无法用“要求”得来的。许多难以挽回的悲剧，我们无法责求任何人，只能怪自己失了手，这是命，也是运，因为命运都在我们自己的手中。

不论任何人，只要那么巧，在那么个时间、那么个地点，幸运地碰上了。就能像灰姑娘一下子坐上南瓜车奔赴皇家城堡，成为最耀眼的一颗星。

灰姑娘的城堡——美梦成真

几乎每个听我说今年又要去迪士尼乐园的朋友都会叫起来：“天哪，已经是第几次了？你去不腻啊？”

他们的话一点都没错，这已经是我第十一次去“迪士尼世界（Disney World）”。从刚来美国不久，开始带儿子去，连续五次。到儿子上高中，不愿意去了，又有五岁的女儿接上，再去了五次，今年则是儿女跟我们夫妻一起去。

不同的是，这次我不像以前只是一般游客。今年我成了国王，带着王后、王子和公主同行。

为什么变成国王？这可真巧！说来话长。

到迪士尼乐园才一天，儿子的球鞋就走裂了。旅馆里买不到鞋，非去迪士尼的“市中心（Downtown）”不可，早上只好一家人陪他过去。

儿子坐在店里挑鞋子，女儿耐不住，看见外面有个著名的甜品店，说要吃冰激凌。

吃完冰激凌，儿子上厕所，女儿看到厕所前有饮水器，说冰激凌太甜，要过去喝水。

我和太太等半天，不见他们回来，跟过去，见女儿正与两位穿迪士尼工作服的人聊天，而且有说有笑，还直招手，要我们过去。

“我中了迪士尼乐园‘美梦成真（The Year Of a Million Dreams）’的最大奖！”女儿喊。

“是啊！”两位迪士尼的女士转身对我说：“园子里事先偷偷选好这个饮水器，十二点以后，第一个来喝水的中奖。你女儿真幸运，在全迪士尼世界四个主题乐园和周边十几万游客当中，她正好在此时此地出现，可以成为公主，到灰姑娘的城堡住一天，而且能够带五个人一起去住。”接着又来了两位男士，引我们进入旁边一间迪士尼的办公室，拿出一大沓文件要我们签。

“会不会有诈啊？”我用中文问儿子。

“不会，因为我昨天才在旅馆的电视里看到，他们由今年一月底开始，办一系列的‘美梦成真’，有人会抽到免费游园，有人能得到快速通关，还有人能到世界其他的迪士尼旅行。”儿子说：“但是那些都能用钱买到，只有住灰姑娘的城堡，有钱也住不进去，所以算最大奖。至于签约，是表示同意参加他们的活动。”

活动之一，是三个小时之后的花车游行，我们一家居然得坐在带头的车子里，和黛丝（Daisy）一起接受全园游客的祝贺，并挥手致谢。

“右手挥累了可以挥左手。”接待的小姐一边说，一边递过来四顶米老鼠耳朵的帽子：“这是专为得奖人做的，一看就知道你们是王族。”

于是沾女儿的光，她既然做公主，我就成了国王。

不知为什么那是我见过的迪士尼人最多的一天，据说一方面因为北美的中小学在放寒假，今年又奇冷，许多人躲到佛罗里达来；另一方面因为正巧新奥尔良的嘉年华会刚结束，一批游客全转来不远的奥兰多市。

我原想对着那么多陌生人挥手会很别扭，而且我们中奖，别人嫉妒还来不及呢！只怕会招来好多冷眼。没想到，老美真热情，居然一个个用力鼓掌，还有小女生大声喊："我爱你们，你们真是幸运儿！"

【刘墉经典语录】

我们成就许多伟大的事，都由于对上一步的失败并不气馁，而对下一步的来临充满希望。因此可以讲："失败为成功之母，希望是成功之父。"四千多米的喜马拉雅山上，大多数的植物，都冻得匍匐在地面上。却见几棵像灯笼般的树，高高地站着。那不是树，是一种草，在粗大的茎上，长满薄而透明的叶子，层层包着它的种子。研究人员拿温度计测量，外面是冰冷的寒风，那树叶包裹的里面，却有十八摄氏度之高，多么聪明的植物啊，用薄薄的叶片搭成玻璃般的温室，呵护着它的种子。然后，种子成熟，母株死亡。愈是对下一代有爱的生物，愈能在这个世界生存。

最幸运的感觉是进入城堡的时候。

过去二十多年，每次经过那象征迪士尼的欧式城堡，甚至只是看到城堡的图片，我都想："里面不知道是什么样子？真能住人吗？抑或只是个空壳子？"

女儿每次去，也都问能不能进城堡看看。我太太甚至特别去迪士尼办公室要求进去参观，得到的答案都是否定的。

所以当我们一家直直走进城堡的大门，我可以感觉到背后许多游客投来好奇和羡慕的眼光。

其实不能说我们是直接走入大门。因为那大门外还围了一道木造的高墙。迪士尼的人员先推开墙边的一道窄门，引我们进去，才转入正式的大门。

他们非常慎重，据说因为这城堡是迪士尼的象征，虽然比不上世贸大楼，但还是可能成为恐怖分子的攻击对象。所以在签同意书之后，迪士尼已经对我们一家的背景做了了解，连刘轩曾在朱丽叶音乐院都知道了。

推开厚厚的古堡木门，射来水晶吊灯的耀眼光芒，房间不大，显然是接待中心，红木的大办公桌上放着高高的银质花瓶，里面插满玫瑰和不知名的带着流苏的花卉。米黄色拱顶石墙上挂着缀锦和墙幄，办公桌后面有着另一扇厚厚的木门，通向古堡楼下的大厅。

接待中心的小姐过来欢迎，还交给小帆一张“入住证书”，接着引领我们进入旁边的电梯。

电梯奇慢，但接待小姐说不是真慢，而是真高，虽然我们按的是三楼，其实已到七层，至于整个古堡则有十五层楼的高度。又说以前是空的，直到今年一月才建好里面的卧室。

我问结实不结实？小姐笑道，整座古堡都是用钢骨和玻璃纤维建成的，连地震和龙卷风都不怕。

【刘墉经典语录】

每个人都是平凡与平等的，我们来到这个世界，都由这个“平”的立足点，努力超越自己；每个人除了有上天赐予的灵魂，还有一个后天自己创造的灵魂，那就是“人生观、价值观和宇宙观”。它仿佛北极星，总给航海者定位；它在我们最困惑、无法决定的时候，给我们当头棒喝：“这是你的人生观，是你处世的原则，你还犹豫什么？”它甚至能在我们第一个灵魂都要死亡的时候，把我们扶起来。

电梯出来，是个有着马赛克拼图地砖和红木墙壁的小厅。壁橱里放着水晶摆饰，顶上除了水晶灯，那圆顶上以红木分成的十个格子中间，还有特别的照明，闪着宝蓝色的柔和光辉。

小厅通向三个门，一个是电梯、两个是卧室，突然一面墙开了，原来还有暗门，里面走出个穿着皇家女仆制服的服务人员，为我们打开卧室大门。

卧室很宽敞，两张带篷顶、幄幔和金蓝锦绣寝具的玫瑰木大床。床脚各有个大木柜，床边拱窗是嵌花玻璃，窗外射来和煦的夕阳，隐约见到城堡四角耸立的尖顶高塔和远处的地平线。

壁炉里噼噼啪啪地闪着火光和火星，细看居然是假的，连用光纤制造的火星，都可以遥控。火炉上方灰姑娘的画像，按遥控则变成电视。

卧室墙边摆着桌椅和梳妆台，桌上有大大的鲜果盘和各种巧克力点心，梳妆台上则摆着灰姑娘城堡皇家专用的信纸信封。

往里走，越过一道拱门，是个起居间，有着整组金红织锦的维多利亚式沙发。石壁的架上摆着许多有关灰姑娘的精装小说，红蓝花的地毯上映着彩色玻璃窗筛下的光影。我立刻叫女儿利用那柔和的光晕，坐在躺椅上拍了几张照片。

国王尺寸的床很舒服，躺下去，看到的是上面以玫瑰木做成的方格状天花板，每个格子里都有着乳黄色的浮雕，在壁灯和火炉跳跃的光彩下感觉很温馨。

浴室更有特色，足容四个人的按摩浴缸，四边有着圆形石柱，墙上是嵌瓷壁画，苍穹似的弧顶有着明灭闪烁的星海，可以用特别的按钮调控。

淋浴和厕所各自独立，都是拱门。厕所红木墙上挂着银框小画，正上方有水晶灯和半圆形的锦缎顶篷。淋浴间以锦幄为遮，里面是古色古香的黄铜水管莲蓬头和白瓷配件。墙面则是土黄和乳白的拼花“马赛克”，两个洗脸盆各有一面拱顶大镜子和红底绘花盆底，花岗石台下是玫瑰木的柜子。

接待小姐一边为我们介绍，一边往墙上按，弹开来，竟是许多柜子，里面早把我们的行李放好。还有满满的冰箱，随我们使用。至于电话，打到世界任何地方，打多久，都由迪士尼买单。正说呢！手机响，原来有个朋友正好在园中，看见我们游行，于是打电话来贺喜，并要求带两个双胞胎女儿到古堡瞧瞧。

于是才做古堡主人的我们，居然开始接待访客。

我们在迪士尼也成为贵客，在古堡一楼餐厅早已设好了位子，而且餐厅里的工作人员都先得到消息，一一过来向我们贺喜。最令女儿和儿子兴奋的是扮成灰姑娘的金发美女，搂着他们照相，而且才拍完不久，照片已经放在特别的夹子里免费奉上。

迪士尼真是周到，一位叫杰森（Jason）的公关人员一路陪着我们，给我们安排特别的通道（常常是由出口往里走），玩遍了每个我们想去的游戏。太太一边玩，一边叫幸运，幸亏有专人带，不然今天的人山人海，只怕一整天都在排队。连晚上的花车游行和焰火秀，迪士尼都为我们安排了特别的座位，看着"宝马雕车香满路、凤箫声动、玉壶光转，夜鱼龙舞……"

当焰火配合音乐和镭射，在古堡后面深蓝的暗空灿烂成一片光海时，女儿幽幽地对着我耳朵说她觉得好像在做梦。

可不是吗？这是迪士尼"美梦成真"的节目，不论任何人，只要那么巧，在那么个时间、那么个地点，幸运地碰上了。就能像灰姑娘一下子坐上南瓜车奔赴皇家城堡，成为最耀眼的一颗星。

带儿女去迪士尼各五次，从我三十三岁到五十八岁，从领着儿子走、带着儿子跑，到牵着女儿走、追着女儿跑。二十五年下来，我已经能画出迪士尼世界的地图、记得每个游戏的情节，也已经愈来愈跑不动、跟不上他们的步子。

而这一次，竟然能沾上女儿的幸运之光，用短短几天游遍了每个园子，且登上古堡高高的城头，我何尝没有如在梦中的感动……

【刘墉经典语录】

命固然有许多是上天注定，但也有上天无法注定的。我看你的所谓没有主运，只是没有恒心、主见和志向，也可以说是你个性上的弱点。话讲回来，个性可能就是命，改得了自己的个性，能“超越自己”的人，就能改变自己的命。懂得积极开创未来，知道“创造自己”的人，则能创造自己的命。这社会上诚然有许多不公平的事，打破的方法，是加倍地努力，以求出头，使自己能自立，创造一个未来公平的社会。如果只知自怨自艾，恐怕原本短期的时运不济，终要成为长期的命运多舛了。